JN109225

HIRAO philosophy

平生フィロソフィ

平生釟三郎の生涯と信念

甲南大学名誉教授
吉沢英成

甲南大学出版会

平生釟三郎　47歳

平生フィロソフィへの理解を深めるために

　本を読むとき、最初から最後まで通して読むのが普通ですが、ここでは、甲南学園の創立者・平生釟三郎の生涯やフィロソフィ（philosophy＝人生の根柢）をより深く理解するために、いつもとは少し違った読み方をご紹介します。

　まず、巻末の「年譜」に目を通して、平生釟三郎という人物の一生をざっと追いかけてみてください。平生が実に多くのことに携わってきたことを知ることができ、平生への興味が高まるのではないかと思います。

　第一部では平生の80年の生涯を辿っていきます。ここに記されているエピソードを一つ一つ丁寧に読み進めていくと、平生が常に全力投球で物事に取り組んでいる姿や平生が成し遂げた多くの業績の重みを感じとることができるはずです。第二部では「平生フィロソフィ」について詳しく掘り下げられていますが、第一部と比べると少し抽象的な内容であるため、いくぶん難しく感じるかもしれません。

　もちろん、最初から順に読み進めることでも結構ですが、例えば、第二部の「見出し」を追いかけて、興味がありそうな項目を選んで読んでいくことでも、「平生フィロソフィ」を

より深く理解できると思います。

　このようにして最後にもう一度、第一部に戻り、今度は第二部の全体を、最初から最後までじっくりと読みこんでみてください。平生フィロソフィが、きっと一条の光となってあなたを導き、人生の標となってくれることを願っています。

　　　　　　甲南学園『平生フィロソフィ』出版タスクフォース

平生フィロソフィ

もくじ

第一部
平生の生涯 —実践躬行の人

第二部
平生フィロソフィ　その人生の根柢

人類の尊ぶべきは、知能にあらず、人格・性格、すなわち、誠なり　………………………　64

はじめに

　ここに古代ローマの賢人キケロの言葉があります。

　「自分が生まれる前に起きたことを知らないでいれば、ずっと子どものままだ。」

　また、三権分立を唱えたフランスのモンテスキューは、こう言いました。

　「歴史に学ばなければ人は成長しない」と。

　これから皆さまに読んでいただくのは、甲南学園の創立者である平生釟三郎についての歴史です。でも、偉人の生涯を綴った単なる伝記などではありません。平生が何をどう考え、どう行動したのか。当時、平生の人生を創り上げていた信念、精神的基盤について学んでもらう書です。平生自身の言葉で言えば、それは、人生の「哲学的根柢」「哲学的英知」というべきものなのです。

　これが本書のタイトルを「平生フィロソフィ」と題した理由です。

　平生釟三郎がこの世を去って80年近い歳月が流れました。平生の「甲南教育」が産声を上げてからは100年以上が経ちます。平生が生を受けた日から数えれば、もう150年以上になります。一世紀以上も昔のことなど、いま何の役に立つのかと思う人もいるかもしれません。しかし、平生の哲学的英

知は100年や200年で価値が色あせるどころか、混沌として難解で答えの見えない現代において、大いなる標となるでしょう。

　世界が混迷の中にある21世紀の今なお、平生の精神は時を超えて普遍性をまとい、そのポテンシャリティを引き出してもらうのを待っている揺るぎない潜在力が、そこにはあるのです。平生の精神を脈々と次代へと伝え続ける甲南のDNAとも呼ぶべきものが。

　平生釟三郎という人物の抜きんでた魅力を、甲南人であるかどうかにかかわらず、できるだけ多くの人々に伝えたいというのも、本書の期するところです。平生釟三郎という人物を、皆さまの明治・大正・昭和の人物誌の一章として留めていただくことができれば幸いです。

第一部

平生の生涯
―実践躬行の人
じっせんきゅうこう

　平生の生涯、それは自身が述べているように、
実践躬行（＝口で言うことを真っ当に実践・実行
じっせんきゅうこう
する）の80年でした。その努力に満ちた一生を
平生自身の言葉でまとめれば、「人生三分論」と
いうことになります。まずは、ここから彼の人生
を振り返っていきたいと思います。

■ 人生三分論

　平生釟三郎は「人生三分論」をなかなか実行に移せないでいましたが、実行へのきっかけを与えてくれた出合いがありました。それは 1924（大正 13）年のことでした。

　平生は海外視察の旅の途中、アメリカからブラジルへと向かう船上で、一冊の本に出合います。米国人ジャーナリストで作家のエドワード・ボックの自叙伝『The Americanization of Edward Bok』であり、この著書でボックはピューリッツァー賞にも輝きました。その著書には、人生を三期に分け、第一を「自己教育」、第二を「自己の社会的基礎を確立」、そして第三を「社会奉仕」の時代と位置づけたうえで、50 歳で自身の仕事を離れ、以後は世のため人のために役立とうと決意し、それを実行したことが書かれてありました。

　25 歳で学校を出て働き始め、50 歳以降は社会奉仕に努めようとかねがね考えていた平生は「万里の異域に知己を得た（＝遠く離れた異国に心を同じくする友がいた）」と、そのときの大いなる喜びを日記に綴っています。平生はこれを機に、以前から募らせていた人生の第三期を社会奉仕に捧げたいとの思いを一気に膨らませていったのでした。平生釟三郎 58 歳のときのことです。

第1期　学ぶ

■ 父の厳しき薫陶(くんとう)

　平生釟三郎は 1866（慶応 2）年、美濃国（現・岐阜県）加納藩で永井尚服の家臣田中時言(ときのり)の三男として生まれました。明治維新の 2 年前のことです。父親時言は農民から強く武士を志して田中家に婿養子に入り、倒幕軍にも加わって江戸にも攻め上りました。維新後に武士の身分を失ったものの、〝武士は食わねど高楊枝(たかようじ)〟（＝たとえ貧しくとも武士としての誇りをもって生活すること）を貫き、貧しい暮らしの中で、釟三郎をはじめ十人の子どもたちを育てました。人をだまし討ちにしたり欺いたり、人の信頼を損ねたりすることを極度に嫌い、武士道の精神を子どもたちにも植え付けたのです。

　釟三郎は幼少のころ腕白なところがありました

釟三郎生家（油絵）

父 田中時言の肖像画

が、武家気質を強く持った父親の厳しい薫陶を受け、一身一家一族のため、そして世界に雄飛する日本の発展のための仕事ができるようになりたいと考えるようになっていました。岐阜中学に入学したものの、教科書も買えず、休み時間に友人から借りて予習復習をするほどの貧しさで、一家の暮らしに重くのしかかる学費のことを案じて1年で中学をやめ、父の勧めもあり、東京に出て働きながら学べる場を探すことにしたのでした。

■ 熱烈なる修学心

　上京してまもなく、人から借りて読んだ新聞で、東京外国語学校のロシア語科で国の給費生として学べる生徒の募集をしていることを知り、早速応募して見事合格しました。釟三郎15歳のときです。しかしながら、当時の東京外国語学校は制度が整っておらず、釟三郎の卒業間際に廃止されてしまい、国費の給付も受けられなくなってしまいました。学校は東京商業学校（現・一橋大学）に吸収されましたが、ロシア語科

の生徒は皆、青天の霹靂（＝晴れた空に突然起こるカミナリ）に遭ったかのごとく、突然放り出されたのでした。

　釟三郎は貿易事業に強い関心を持っていたので、ロシア語だけでなくもっと広く世界の事情、商業貿易についても学びたいと思い、東京商業学校に入ることを考えました。

　それには入学試験を受ける必要がありましたが、日ごろから広く勉強していた釟三郎にとって、合格は容易いことでした。ただ、学費の問題が残っていました。国の給付が打ち切られたため、自分で工面しなければならなかったからです。有力者の書生になるとか、貿易商の手伝いをする代わりに奨学金を得られないか、八方手を尽くしたがうまくいきません。
　学費納入の期限が迫る中、窮余（＝追いつめられて困ったあまり）の策として、かつて父から聞かされていた平生家の養子に入る話に思い至った釟三郎は、不本意ながらも急場をしのぐにはこれしかないと決断しました。父に相談すると「他に策がなければしようがない」と動いてくれて、先方の応諾を得て、養家から学費を出してもらえることになりました。
　ところが２、３日後、外国

釟三郎 16歳の頃

1884（明治17）年　東京外国語学校時代
中列左から４人目

語学校時代から釚三郎を目にかけ、東京商業学校の校長に
なっていた矢野二郎から呼び出しがあったのです。

　校長室を訪ねると学費のことを問われた釚三郎は、「万策
尽きて他家に養子に入ることにしました」と答えました。す
ると校長は気色ばんで、「そうなる前になぜに私に相談に来
なかったのか」と叱責したのです。「君たち外国語学校の落
ち武者中、成績の特に良い者は、政府が商業学校卒業まで給
費生として特別待遇をしてくれるよう求め、なんとかそのよ
うに決まったのだ」と告げられたのでした。

　釚三郎は軽率な判断を詫び、感謝を述べると、校長は同情
の言葉をかけてくれました。

このことを父に手紙で報告しました。「他に策がないならしようがない」と言っていた厳しい父がどう反応するのか、一日千秋の思いで待ったのです。

　やがて届いた返信には「校長先生の厚意と努力で、政府が旧外語生徒に対して東京商業学校に転学後も優等生数名には以前同様に学資を支給してくれることは実に喜ばしい。たとえ他家の養子になったといえども、養家に厄介をかけることが少なくなるのは結構なことだ」とありました。釟三郎は、あらためて父の武士的精神に深く感じ入りました。

　熱烈なる就学心と向上心、そして多少のそそっかしさを持ち合わせた実行力が、田中釟三郎を平生釟三郎へと成長させることになったのでした。

📖 余聞

　盟友　二葉亭四迷…東京外国語学校第三部露語科の同級生に長谷川辰之助がいた。平生とは常に首席を競う秀才であった。やがて語学科が廃止されることになったとき、長谷川は自身の才を文学の世界に見出して身を投じていく。後に筆名（ペンネーム）「二葉亭四迷（ふたばていしめい）」として、小説「浮雲」で文壇デビューを果たす。写実主義、言文一致体の

二葉亭四迷
（国立国会図書館提供）

作品は当時の文学界に大きな衝撃を与え、日本近代文学の時代を開いていく。

　長谷川が作家になるときに彼の父から「くたばってしめえ！」と言われたのをもじってペンネームにしたというエピソードがあるが、のちに平生は家族にこのことを話している。

第2期　働く

■ 回瀾を既倒に反す　神戸商業学校の名物校長

　平生釟三郎は 21 歳で東京商業学校（のちの高等商業学校）に入学し、25 歳で卒業しました。首席であったので留学の機会が与えられましたが、年齢のことや、早く実社会で仕事に就きたいとの思いから辞退し、外国語学校時代からの恩師である矢野の勧めで現在の韓国の仁川で海関幇辨（税関員）になりました。これが平生の実社会への第一歩でした。

　この仕事はわずか１年間でしたが、不公正や手抜きな

1885（明治18）年　東京商業学校時代
前列右から３人目

1891（明治24）年　仁川海関幇辨時代
後列右から３人目

どには厳しい目を向け、仕事以外にも現地で英語塾を開くなど、精力的な活躍を見せたのでした。

　27歳になった平生に、恩師の矢野から要請がありました。それは、潰れかけていた兵庫県立神戸商業学校を、校長になって立て直せとの依頼でした。潰れてもしょうがないと思われている学校を何とかしてほしいという、平生の力を見込んでの誘いでした。

　平生は勇んで校長となりました。自分より年上の教員たちに向かって、「力を協せて、回瀾を既倒に反す事とせん」、つまりは傾いた学校を元に戻そうと鼓舞し、県知事や県議会に周到で緻密な説得活動を行い、予算案に学校再生のための費用を盛り込んでもらったのでした。

23歳の頃

　予算の審議では異例の事ながら平生自身が県議会に出席して発言し、ついに成立させたのです。それは、平生自身が「実に感謝の思いで胸がいっぱいである。我が人生でこれほどまでに喜ばしく気持ちがよいことはなかった」と振り返るほどの活躍でした。

　生徒に対しても毅然とした態度で臨み、生徒が何かの要求を掲げて授業をストライキするこ

とを未然に防いだこともありました。

　また、物見遊山のようになっていた遠足や修学旅行は、社会勉強のための工場や仕事場見学へと切り替えました。時には三田（さんだ）から京都まで（夜は休息したものの）8日間も歩き続ける旅程を組むなどして、困難や苦労に耐える精神力を少しずつ養っていきました。実際、これらは1人の落伍者を出すこともなく成功を収めたのでした。そしてわずか1年ちょっとで、潰れかけていた学校を見事に、まともな教育機関へと戻すことができたのでした。

　すでにこの時点で、平生の教育観というものが形成、確立されていたと言うことができるでしょう。

■ 東京海上入社・初仕事

　1894（明治27）年、平生は29歳で東京海上保険株式会社（現・東京海上日動火災保険株式会社）に入りました。しかし、その経緯は単純なものではなかったのです。

　平生の人生において肝胆相照らす（かんたんあいて）（＝互いに心の底まで打ち明ける親しい）仲となる各務鎌吉（かがみけんきち）は、すでに東京海上で仕事をしていました。各務は高等商業学校を平生より2年早く卒業していましたが、平生の方が2歳上でした。活躍が認められていた各務は英ロンドン支店への派遣が決まっていました。支店の状況から辣腕（らつわん）（＝難しい事もこなせるすご腕）を振るえる存在が必要だったからです。そこで各務がロンドンへ赴いた後、

各務の代わりができる人材が必要でした。学校時代から平生を知る各務が、是非にと平生に直接懇請したのでした。

　恩師である矢野の勧めや、各務の意気に感じたこともあり、さらに神戸商業学校の立て直しも目途がついたことから、平生は東京海上入りを決断しました。引継ぎの時間もほとんどないまま3日後には各務は日本を発ちました。平生は右も左もわからぬまま仕事を始めることになったのです。丁度、日清戦争の開戦前夜のことでした。

　実は、平生の東京海上での初仕事は、この戦争に関係していました。その当時、大本営（＝日本軍の最高機関）が置かれた広島に軍需品と食糧を大量に集め、そこから戦地へ軍用船で輸送することになっていました。東京の月島から広島の宇品港への運搬を日本郵船が引き受けており、東京海上はその積み荷の海上保険を1年契約で結んでいたのです。

　土曜日の正午過ぎに、日本郵船から、土佐丸に満載して出港したとの連絡が入りました。保険金額は全部で60万円（現在の100億円以上）。このように多額の場合は通常、横浜に支店のある外国保険会社に再保険（＝危険分散をはかるため保険会社が別の保険会社に保険を掛けること）を結んで万一に備えていました。ところが、外国保険会社は土曜の午後は店を閉じていました。当時の東京海上の払い込み資本金が60万円。もしも船が遭難したら、資本は全滅となります。手続きが月曜日になれば、船は宇品港に無事着いているか、遭難しているか、結果は出ているので、月曜に再保険を

かけても無駄でした。

　総支配人は嘆きつつ「平生君これ
ばかりはどうしようもない、日本郵
船に対して今さら約束を破るわけに
もいかない。したがって私たち2人
は船が遭難でもしようものなら、武
士らしく互いに差し違えて死ぬしか
ない」と言いました。

　これを聞き、平生も「何事も責任

31歳の頃

者というものは、その覚悟があって当然だ。士魂商才（＝武
士の精神と商人としての才覚を併せもつこと）こそ明治商人
の美徳とすべきもの」と答えたので、総支配人は大いに喜ん
だのでした。幸い土佐丸は予定通り宇品港に到着し、2人は
無事を祝いました。これが平生の初仕事になりました。

■ 東京海上ロンドン支店閉鎖の決断
　　―盟友各務鎌吉とともに

　渋沢栄一や岩崎弥太郎らによって1879（明治12）年に設
立された東京海上は、平生が入社したころは海外支店業務が
主で、国内では、まだ保険そのものについての理解が広がっ
ておらず、保険経営環境が整っていませんでした。平生の初
仕事（1894年）もそれを物語っていました。各務がロンド
ンに赴任したのも、大きな利益を上げていたロンドン支店の

経営が厳しくなり始めていたからでした。

　平生は国内市場を整えようと必死になりました。関西にも顧客の市場があるとみて、大阪支店の開設を提案しました。一方、各務は、東京海上がロンドンで、イギリス人に頼ることなく、むしろイギリス人を使って、経営を続けていけるよう自身でアンダーライター（保険査定人）としての専門的技能を身につけるための甚大な努力を重ね、それを手に入れていました。

　会社の業績がなかなか上がらない中、各務が打ち合わせで帰国するにあたり、1898（明治31）年3月、平生はロンドン支店の留守番役を担いました。半年後、各務が再びイギリスに戻ると、平生と各務はロンドン支店の存続や会社の将来

1897（明治30）年　東京海上保険株式会社（ロンドン）　前列左端

について議論を重ねます。ロンドンの下宿ではガス灯の薄暗い明かりの中、今にも消えようとしている石炭ストーブの火を引っかき引っかきしながら、毎晩日付が変わるまで最善策を模索し続けたのでした。

　各務は自分が得た力で支店を継続すれば相当の利益を得ることができ、また平生が国内の業務を整えてくれれば、相乗効果で東京海上は世界的事業を成し遂げることができると考えていました。

　これに対し平生は、「各務ならロンドン支店で利益を上げることは可能かもしれないが、各務にもしものことがあれば続かないことになるし、各務のようにアンダーライターの力量をもった別の日本人の後継者を考えることもできない。後継者が不確実のままでロンドン支店を存続するのは危うい。存続を決めてから結局廃止となっては大損害になってしまう。我が社全体の業務内容も衰退状態にあるので、ロンドンで大きな損失を出せば、会社は倒産するしかない。こんな危険な状況で支店の存続は考えられない。」そう考えたのでした。

　そして、「まずは本社を固めた後、このような危機的状況ではないときに、捲土重来（けんどちょうらい）（＝失敗を乗り越えて再度巻き返すこと）を期しても遅くないだろうと思うので、この度はいったん閉鎖して２人とも帰国し、少しずつ善後策を講じることが会社のための最善の策だと信じる。各務が決して諦めることなく努力して希望の光を見出そうとしているこの支店を、むざむざ廃止するのはいかにも残念な事だが、会社の未

来を見通したとき、廃止する以外に道はない。尺取虫がその身を縮めるのは、次に伸びようとするからだ」と、懇切丁寧に説いてみせたのでした。

協議の結果、各務は「事業を一人で成そうとするのは心得違いで、肝胆相照らし志を同じくする我々2人が共同・協力して会社の大成を期すべきである。争いが生まれそうなこと（2人の報酬額など）については始めから約束を作っておいて、共に手を携えて事を前に進めよう」と、支店の廃止論に同意しました。そして、平生と連名で、「ロンドン支店を廃した後、2人は帰国して会社の国内営業の基礎をさらに堅固にすることが先決だ」という主旨の建議を重役会に提出したのでした。

時間がかかりましたが重役会もこれに同意してロンドン支店は閉鎖され、2人は帰国することになりました。

■ 東京海上どん底からの浮上 ―平生、堅忍不撓の努力

このころ、会社は大赤字に見舞われていました。2人が帰国する数カ月前には、資本金を半額減資し、払込資本も半額切り捨てるなど青息吐息の状態にありました。1899（明治32）年の晩秋に帰国した2人は善後策を立てるため、ロンドンのときと同じように連日連夜協議を重ねました。その結果、取締役会に次のような提言をしました。

「取締役会で大方針を決定してもらい、営業のことは各務と平生の両名に任せてもらう」というもので、これには取締役会に反対論も多かったものの、「海上保険は特殊な事業で、その経営にあたる者は十分な専門知識と経験を持つものでなければならない。いま日本で海上保険に最も造詣の深いのは各務と平生の２人である。この両名を退けて何の知識も経験もない我々重役が判断を下しても良い結果は生まれない」との声も上がり、ついに２人の提案は決定を見ました。

　ここから２人が会社再生、中興のために獅子奮迅の活躍を見せる第２章の幕が上がったのでした。

　実は平生のところには、東京海上入りを勧めてくれた人から、「会社がこんなことになってしまい申し訳ないので、三井物産に転職する気があれば紹介したいがどうか」という話がありました。しかし、平生は感謝しつつも断り、「転職先で出世したとしても東京海上を見棄てて三井物産に走った卑怯者と言われては無念である。自分は東京海上の運命が決するまでは、奮闘してみたい」という決意を新たにしました。

■ 社運益々上昇

　平生は大阪・神戸の両支店長に任命されました。日本の大工業の根拠地として外国貿易の枢軸となり、海運業の中心となるはずの大阪・神戸の地で強力なライバル会社との競争を勝ち抜くために、海上保険の新機軸を打ち出しました。

海上保険は船荷と船舶の２つが対象でしたが、船舶の方は船価が高いため、ほんの一部にしか保険が掛けられませんでした。平生が打ち出したのは、船価いっぱいまで保険を掛けるというものでした。大きな保険金額の負担を分散するため、ロンドン保険市場に再保険を掛けるという策をとったのです。そのためには有力保険商会の手を介さなければなりませんでした。ロンドン時代からすでに取引のあった有力な商会からこの承諾をもらうのは、東京海上、そして各務、平生の信用力をもってすれば難しいことではありませんでした。

　これは他社には思いもつかない策であり、思いついたところで、ロンドン市場では再保険を扱わせてはもらえなかったでしょう。船価いっぱいまで保険を掛けるという新機軸は船主の多くを喜ばせ、それまで自己資金を積み立てて万一に備えていた日本郵船や大阪商船などの大手海上輸送会社も、東京海上の顧客となったのでした。

　これにとどまらず、平生は保険業界の慣例となっていた“ご馳走政策”を改めることを打ち出しました。当時、食事の接待などで顧客をつなぎ留めたり、新規顧客を開拓したりすることが、過剰なまでに横行していたのです。平生は冷静にそろばんをはじきました。食事接待にかかる経費を保険料から差し引いて契約すれば、それだけ安くなります。大阪人の気質からするとこちらの方を好むに違いないと考え、実行したのでした。案の定、顧客は喜び、顧客も契約金額も増えました。半年も経つと、ほとんどの競争相手もこれを採用す

るようになっていきました。

　新機軸を打ち出すだけでなく、平生にはその実現に向かって辛抱強く我慢し、努力する不撓の精神力がありました。それは天分なのか、努力によって備わったものだったのか、いずれにしても、目標に向かって邁進する平生の勇気と決心は、人を惹きつけて放さない魅力となっていました。この時期の平生の活動の目標は東京海上の再興、中興に絞られていましたが、平生は持てる力すべて、すなわち観察力、智恵、雄弁、魂を惜しみなく注いでいったのでした。

　東京海上の業績は平生と各務の活躍で見事、立て直されました。業績の回復は2人の期待を遥かに上回る進展を見せ、1901（明治34）年には株式配当を復活させることもできました。1904〜05（明治37〜38）年の日露戦争への対応においても、東京海上は海上保険の果たすべき役割を冷静に、堅実に遂行することができました。一時は額面の4割にまで暴落していた株価も、1906（明治39）年の春には5倍にまで跳ね上がりました。日露戦争の2年間で利益は100万円に達し、払込資本金37万5000円を倍額増資できたのです。増資新株3万株を、各務1500株、平生1000株、故人の総支配人遺族に500株を功労株として分け、残り2万7000株の半分を株主の持ち株数に比例して配分しました。残りの1万3500株については、7年前の減資の際に切り捨てた株数に比例して割り当てました。これは現株主から強く反対されましたが、徳義上、潰れていてもおかしくなかった会社に犠牲

を惜しまず投資してくれた旧株主に酬いるべきだとの2人の強い主張に、結局は多くの株主が賛意を示しました。また各務と平生の分配が6：4になっていますが、これは金銭に執着心が強かった各務の性格を、金銭には恬淡（＝あっさりしていて執着しないこと）としていた平生が斟酌し、各務の保険に対する知識と経験に敬意を表してのことでした。会社から報酬がある場合には、すべてこの比率で行くと、ロンドンにおいて交わした約束を守ってのものだったのです。

その後も会社は順調に発展を遂げていきましたが、1907（明治40）年からの2年間は、平生にとっては家庭的に不運、試練の時期となりました。

妻佳子が5人目を出産してからの回復が叶わず他界しました。1年後には良縁を得て妻信江を迎えることができたのですが、その1年後に平生にとっての第6子を出産後、産婦人科医の杜撰な処置が原因で急死してしまったのです。平生は憤りました。医者は患者のことを思い、尽くすべき存在ではないのか。医は仁術というではないか。この公憤は後に、患者のための病院建設へと平生を向かわせる体験とな

すず夫人

りました。

　平生は再び残された子どもの養育を考えなければなりませんでしたが、幸いにもすべての事情を包み込んで平生家を託せるすず夫人を迎えることができたのでした。

■ 国家への恩返し

　妻との相次ぐ別れは平生にとって精神的に大きな打撃となりましたが、これとは対照的に、東京海上の社運は益々上昇し、年々大きな利益を上げていきました。高配当も続き、最も堅実な保険会社として世の羨望の的となるほど高い評価を得たのです。

　平生の貢献は各務と共に極めて大きく、1917（大正6）年には各務、平生が2人同時に専務取締役に選任され、報酬も相当高くなっていきました。平生自身の言葉では、平生家の財政は「余裕綽々」になっていました。そして家庭も常態に戻っていました。

　46歳になっていた平生はこれまでの自分を顧みて「私が今日こうしていられるのは、国費で高等教育を受けられたからである。だから、私が今、物質的に普通の人以上に裕福であるにもかかわらず、何らこの恩に報いていないのは、国家に対し実に恩知らずなことである。さて、いかにしてこの恩に報いるべきか」と自問し、ある行動を起こすことにしました。

　16歳で官費受給生として東京外国語学校に入学した平生

は、途中制度が変わって給付がなくなり、学業継続のため学費をどうするか、苦渋を味わう経験をしました。40代になってある程度の地位を築いた平生は、かつての官費受給の恩返しとして、給付を受けた学費の何十倍もの金銭を文部省に持参しましたが、受け取ってもらえませんでした。それなら自身で国の未来に寄与する人材を育てようと、人格と見識の伴った優秀な学生に、私財を投じることにしたのです。1912（明治45）年、平生釟三郎47歳のときのことです。

■ 拾芳会　私財投じて苦学生に学費を支給

　これから先、資源も少なく狭い国土に人がひしめく環境の中で、水、空気、光を使って価値あるものを作って日本を発展に導くには、理化学上の工夫や発見のできる人材を育てることが重要である。そのために若い学生に学費を提供し、優秀な研究者を育てることに役立てば、国への恩返しになる。

　こうした考えを基に、前途有望ながら大学進学をあきらめていた若者に学費を援助することで、理化学分野に限らず将来の日本のために尽くせる人材を育てる仕組みを作ったのです。

　平生は私財を基にした奨学生制度を設け、自らも指導にあたるなどして高等教育を受けさせました。毎年4、5人が選ばれ、1919（大正8）年、平生はこのグループを「拾芳会」（前

1925（大正14）年　拾芳会記念撮影

途有為の人材を拾い集める会）と名付けました。平生家からの通学が可能な会員には神戸の自宅に住まわせ、また東京には拾芳寮をおくなどして、不自由なく学業に励ませて、平生家の家族同様に大切にしました。

📖 余聞

　拾芳会の取り組みは30年間続き、160人を超える若者が恩恵を受け、医者、学者、裁判官、弁護士、教師、作曲家など、学界や実業界その他各分野で活躍する一流の人物を多数輩出した。平生の没後、財団法人は解散し、拾芳会の財産になっていた平生の住宅と敷地跡は現在、平生記念館、平生記念セミナーハウスとなっている。今も会員や会員の遺族らが毎年、関西と関東で集まっては「拾芳会」を開き、平生の遺徳を偲んでいる。

明治から大正へと変わるころ、齢50になろうとしていた平生は、東京海上の業績を上げるという営利事業よりも、教育事業など直接的な社会への奉仕活動に取り組み、本格的に社会や国に尽くしたいと思うようになっていました。国への恩返しは、私財を投じた奨学生制度「拾芳会」を手始めに、甲南幼稚園・小学校の設立運営にも私財を寄付して学校設立に積極的に関わっていきました。自分自身が考える理想の学校建設に責任をもって行動するようになったのも、それまでにはなかったことでした。

■ 辞するか留まるか
― 平生の迷い VS. 各務の慰留

　冒頭に述べましたが、平生が人生を三期に分ける、いわゆる「人生三分論」を日記に書き綴ったのは、1913（大正2）年、数えで48歳になった暮れのことでした。20歳までを他力に頼って生きる時期、それから40歳までを自力によって立つ時期、それ以降は自力で立つと共に、他に力を貸すべき時期、としたのです。

　「単にパンのために働き、パンと共に終始する人生は無意味である。畜生と変わりがない。人間というもの、この世に生を受けた以上は社会、人類のために多少なりとも貢献しなければならない。私は常にその点に考えを及ぼして、パンのために働くと共に、公共の利益について考えなければいけな

いと思うのである。」

　平生は東京海上を辞めて社会事業に本格的に取り組みたいと考え、各務に辞任を申し出たのもこのころが初めてでした。しかし、このときは各務の説得で思い留まったのでした。

　その後の大正年間（1912〜26年）、平生は幾度となく各務に辞任の相談をするものの、第一次大戦、戦後不況、関東大震災に加え、各務の外遊や健康状態などもあって、各務から「君なくして東京海上はやっていけない、社内で相談できるのは君しかいない」と慰留され続けていました。

　事実、各務はこだわりが強く、あまり社交的でなく、顧客との関係も事務的だったのに対し、平生は発展家で誰かれの区別なく率直に意見を交わすことを好みました。取引先でも取引以外の会合でも積極的に関わり、世間を広くしていました。そんな平生は各務にとって議論のできる唯一の人物で、第一次大戦のときも、顧客や政府との関係を重視する平生の意見を取り入れた結果、東京海上は大きな利益を上げることができました。

　また、この頃、悪化しつつあった三菱や三井との関係でも平生の居中調停（＝両者の間に立ち、双方に良いように仲介する）の動きがなかったら、今日で言う「Win-Win」の共存関係を維持することはできなかったでしょう。これが、各務が平生を引き留めた理由でした。平生自身も東京海上と、それを率いる各務を放ってはおけなかったのでした。

■ 社会事業に専念開始
─エドワード・ボックの著書に出合う

　一刻も早く社会事業に転じたいと思い続けていた平生に、絶好のきっかけが訪れました。各務と相談をし、平生が海外視察に行くことになったのです。海外の顧客や代理店を歴訪し、業務の実態を把握することや各国の実情を肌で感じ社会公共の活動の可能性を研究することが目的でした。

　1924（大正13）年、視察の旅はアメリカを皮切りに、ブラジル、イギリス、ヨーロッパ大陸へと7カ月にわたりま

1925（大正14）年　五女 富士あての絵はがき　普仏戦争（1870-1871年）の戦勝記念塔（ドイツ・ベルリン）

した。アメリカからブラジルへの船旅の途上、乗船時にアメリカの友人からもらった本を何気なく読み始めたのでした。それがエドワード・ボックの自叙伝で、「人生三分論」との運命的な出合いでした。

　ボックは6歳のとき、両親に連れられてオランダからアメリカへ移住しました。少年なが

ら生きる術を次々に見つけ、それを重ねて、遂には米国一の出版部数を誇る月刊雑誌を編集出版するまでになりました。50 歳で出版事業を引退すると、その後は社会奉仕に専念しました。自叙伝には「人生の第 1 期は自己教育の時代、第 2 期は自己の社会的基盤を建設する時代、第 3 期は社会的奉仕の時代とすべきである。なぜなら、財産を作り、豊かな生活をするだけが人生のすべてではない、人生最大の満足は他人のために奉仕することによって得られるのだ」とありました。平生は感動して読み耽りました。著書には「事業に全力投球している人が同時に本当の意味で社会奉仕をやろうとするのは無理で、事業と社会奉仕の 2 人の主人に仕えることは所詮不可能である」とも書かれていました。

　読み終えた平生は、自分と同じ考えの人が遠く離れた地球のこちらとあちらにいたのだという偶然に出合えた感動と喜びを感じ、今度こそは会社を引退して社会事業に専念しようと、船上から各務に辞任の電報を打ったのでした。

　今度ばかりは平生の決意が固いと受け取った各務は、帰国した平生の専務取締役の任を解きました。しかし、それでもなお東京海上が困難に直面するとき、それは社長の各務が困るときでもあるのですが、そのときには平生に相談ができるよう平生を取締役のまま残したのでした。平生が思いのまま社会事業に注力できるという条件を付けて。

　1925（大正 14）年、当時の数え年で平生 60 歳。還暦を迎える年のことでした。

第3期　奉仕する

■ 甲南学園の設立　教育事業への注熱

　1926年、年も押し迫った12月25日に昭和という時代が始まりました。昭和とともに平生の社会奉仕の時代が開花しました。日本という国、社会への奉仕であるから、その事業、その仕事から所得を得ることをしない。平生は無給を貫く考えで、さまざまな活動を行いました。東京海上の役目から実質的に解放されて間もなく、甲南学園の理事長に就任しました。

　甲南学園はすでに1919（大正8）年、甲南中学校として設立されていました。初めての入学式が行われた4月21日の日記に「余は年来の宿志たる一端がその緒に就きたるを見て益々進んで最

1923（大正12）年　甲南小学校

終の理想たるべき東洋一の大学（人物教育を主とせる）の創立の計画に一歩を進めんと欲するなり」と記

し、甲南教育の発展に尽くす決意を述べています。

平生は校長の選考、校地の選定、校舎（後にその建物の姿から「白亜城」と呼ばれた）の建設、寄付金集めなどに中心的役割を担い、1923（大正12）年には七年制の高等学校に発展させました。この間、東京海上の専務の仕事も多忙で学園の理事長職には就いてい

1919（大正8）年　甲南中学校第1回入学式

甲南高等学校

ませんでしたが、東京海上を離れて間もなく、甲南学園の教育の現場に理事長として直接かかわることになりました。神戸商業学校長の時代から30年が過ぎていましたが、教員たちに求めること、生徒たちから積極性を引き出すことにおいては、当時から一貫したものがありました。

いや、むしろこの間、物質文明の発展のなかで柔弱（＝力なく弱々しいさま）な世相になったと感じている分、教員に求めることも、生徒に求めることも、大きくなっていたのです。

1927（昭和2）年、平生は自分の寄付で学校に大食堂を建設しました。これにより教員と生徒、それに平生自身が一堂に会して食事する機会を得ることになり、互いに感化力が生じ、高まることを期待しました。さらに生徒たちの健康状態の向上も願っていました。

　当時としては珍しいことですが、父兄会（現在のPTA）に父親の参加を求め、家庭教育の重要性と父親の果たす役割について、しばしば講話を行いました。高等学校の生徒には時論、社会状況、思想潮流について、自分自身の意見を披瀝することも厭いませんでした。

校内の大食堂

　平生は「第一次大戦の結果、世界の潮流となり日本でも流行に後れまいと広まったデモクラシー」「マルクス主義や共産主義、そして同じころロシア革命によって生まれた共産主義国家ソヴィエト連邦の日本への影響」「民族自決といいながらアジアでは日本しか独立していない状況」「アメリカでは日本人移民を排斥する法律が作られている状況」などについて生徒に語りました。国内でも国際関係の中でも共存共栄

を図りつつ、2500年も独立を保ってきた日本が繁栄していくにはどうすべきか、平生自身が常日頃から、世界の動向に注目し、熟考してきたところをふまえて、生徒たちに伝えようとしたのでした。

■ 白亜城事件
　思想弾圧の中で貫かれた寛大な教育理念

　1920年代後半になると、日本では左翼学生運動が盛んになりました。1924（大正13）年に結成された大学・高校・専門学校の社会思想研究団体の全国組織である学生連合会（学連）に甲南高校のサークル「社会科学研究会」が参加し、1928（昭和3）年の三・一五事件で生徒1人が検挙されました。1933（昭和8）年には京都帝国大学法学部の瀧川幸辰教授の講演をめぐる思想弾圧事件「瀧川事件」が起こり、この事件で甲南高校の卒業生たちが重要な役割を演じたこともあり、甲南高校では関心が高く、事件が盛んに議論されました。

　翌1934（昭和9）年1月には、日本共産青年同盟（共青）の甲南班の機関紙「白亜城」の発行グループだった生徒9人が「マルキスト」の嫌疑をかけられて検挙され、うち1人が起訴されました。「白亜城事件」と呼ばれています。

　校長だった平生は自ら警察や検事局に出向いて生徒らの早期釈放に尽力しました。ほどなく釈放された8人の生徒（1人は起訴され放校となった）は、偏った思想にかぶれて他の

1937（昭和12）年　寿像（＝存命中に作られる像）除幕式
甲南高等学校（現在の甲南大学 岡本キャンパス）にて

考えを比較検討することをせず、直ちに実践に加わった軽はずみな行動だったことを深く反省しました。平生は「流行病にかかっていたが快癒（反省）した」として、処分を科すことなく、今後の勉学の姿勢について説諭し、釈放後ただちに登校を許したのでした。こうした扱いは他校にはみられない、平生ならではの生徒思いの寛大な教育理念の表れでした。

■ 甲南教育におけるラグビー精神

　この当時の甲南高校では、生徒たちは文化部、運動部いずれかへの入部が義務づけられ、「徳育・体育・知育」の教育理念の中で自己研鑽に励みました。高等科生徒（17〜19歳）による学問思想に関する熱心な談義だけでなく、スポーツ競技やその練習を通してのフェアプレーや協力連帯、鍛錬する姿が、尋常科生徒（13〜16歳）に大きな刺激と影響を与えました。自主性を重んじる教育環境が創り出されていました。

甲南高等学校の教育において「人格の修養」と「健康の増進」に力を注ぐのは、生徒たちが実社会に出て、人類社会国家の発展、平和のために貢献できる人物に育っていくことを目指すからです。そのためには、心からの奉仕の精神とこれを実践できる強健な体が必要です。比較的裕福な家庭に育った者が多い甲南生には少年時代、学生時代にスポーツの修練を通して「肉体と精神の鍛錬を積むことが絶対に必要である」と考え、校内でのスポーツを奨励したのでした。

　特に平生は英国での見聞から、ラグビーというスポーツに強く惹かれていました。1928（昭和3）年、甲南高等学校の5回目の開校記念日のスピーチで「英国人が欧州大戦争に最後の大勝利を得たのはクリケットとラグビーフットボールによって身体・精神、両方の修練を積んだ結果だと英国人皆が考えている。それは英国人がこのスポーツにより、正直、公平、忍耐、勇気及び協同などの徳性を涵養（＝ゆっくりと養

1941（昭和16）年　甲南高等学校ラグビー部

い育てること）したからである。」このように述べて、平生
は甲南スポーツの中心にラグビーを据えたのでした。

📖✏ 余聞

　1923（大正12）年、旧制甲南高等学校は7年制の高等
学校として開校したが、当初は高等科1年だけで全校生は80
人足らずだった。ラグビー部設立の気運はあったが、最低15
人のメンバーを集めるのは厳しかった。翌年には生徒数が150
人を数え、ようやく試合のできる部員数がそろった。その後、
1931年から4年間は、関西高等学校リーグで無敗を誇るほど
であった。多くの名ラガーを生み出しただけでなく、学問の分
野や実業の世界で活躍する才幹を数多く生み出した。

■ 灘購買組合の創設
賀川豊彦の思想に共鳴

　1921（大正10）年、労働者救済のための購買組合結成が
呼びかけられ、「神戸購買組合」が創設されると、自伝的小
説『死線を越えて』が大ベストセラーとなり、時の人だった
賀川豊彦のもとを、実業家の那須善治が訪ねました。社会事
業への投資や慈善事業ではなく、協同組合事業を通して社会
貢献すべきだと説かれた那須は、賀川の思いに応えようと、

同じ住吉村に住んでいた知己で、東京海上の専務だった平生に相談しました。

　自分自身も社会奉仕、社会事業、労働者救済への思いを募らせていた平生は、賀川の講演にも大いに賛同し、生協発祥の地である英国滞在中の見聞を踏まえながら「忍耐強く奉仕活動のつもりでおやりなさい」と那須の決意を支持しました。そして、那須が初代組合長、平生も理事となって同年5月、「灘購買組合」（現・生活協同組合コープこうべ）が創設されました。賀川の思想に、那須の財力や経営手腕、そして平生のような協同組合の理念に深い理解を持つ支持者らを得て、従業員6人、組合員数300人余りで歩み始めた灘購買組合は、単なる生活を助け合う場でなく、社会を変える舞台となっていったのでした。

　組合設立10周年を迎えたとき、組合員数は順調に伸び、従業員に賞与を出せるほどに発展していました。その記念式でスピーチを求められた平生は、

　「私は諸君が朝早く起き、あるいはリヤカーを乗り回し、あるいは自転車にあるいは徒歩に配給をなし、御用聞きをなして以て組合員の便宜を図るため労を惜しまざることは、いかに組合員の感謝を買いつつあるかを知るべく、それでこそ組合員の数は日に月に増し売上高もこのように多額に上りたるものであります」と述べ、

　「わが国には縁の下の力持ちと申す言葉がありますが、これは他人のために尽力することが損にしてバカらしきこと

なりという言葉ですが、これは大いなる間違いであります。"陰徳あれば陽徳あり"とか、"徳孤ならず必ず隣あり"、"情けは人の為ならず"と申して、社会人類のためになしたる奉仕は必ず報いらるるものであります。のみならず他人のためにすることは心に非常なる愉快を感ずるものであります」とも言い添えました。

そして、「私は諸君の仕事の尊さを考え循々として（＝きちんきちんとして）努力することを組合のためにも諸君自身のためにも希望してやみません」と結んだのでした。

📖 余聞

灘購買組合は、その後、さまざまな経緯を経て現在の「コープこうべ」へと発展し、1991（平成3）年には、組合員数が百万人を超える巨大組織へと成長した。那須と平生の共鳴が、賀川の思想を今に体現し続けている。

■ 患者に寄り添う
甲南病院の設立

灘購買組合に並行して平生が熱心に手掛けた社会事業は、甲南病院（現・甲南医療センター）の設立でした。医者の不手際と怠慢によって妻を亡くしてから、真に患者のための理

想の病院建設を宿願とするようになっていたのです。

「日本は国土が狭く人口過剰で、天然の資源にも乏しい。近代における産業組織の余弊（＝副作用）をも受けているから、衣食に困窮する人々が少なくない。言い換えれば、自己の豪奢（＝非常にぜいたくなこと）な生活のためには莫大な金の浪費も惜しまず、他人の病苦を少しも顧みない人々の行動を黙って見過ごし受け入れるほど、日本の世相は安らかで穏やかではない。病気は誰もが避けることのできないものであるだけに、病気になって十分治療を受けられない人々が多数存在する日本の将来を思えば、ぞっとせずにはいられないのである。ゆえに、生活に少しでも余裕がある人々はここに思いやりの気持ちを注ぐべきであり、物欲が満たされること

甲南病院

甲南病院で患者・職員を
見守る平生像

が人生であってはいけない。社会奉仕にこそ人の生きる意義があるのだということを認め、余裕の一部を割いて適当な施設を建てることで、人類に共通する疾病の苦悩をわずかでも軽減して、人類共存の精神を多少なりとも具体化することに努めるべきだ。」

　そんな強い思いで、豊かな患者からは高い診療代を徴収し、貧しい患者は無料で診療するという考えに賛同する名医を、八方手を尽くし探し集めました。さらに病院の建設や医療設備などを整えるための開院資金を富裕層から集めることにも相当な苦労を要しましたが、やがて当時の大財閥である三井、三菱からも寄付を取り付けることに成功しました。それは形だけでも財閥に公共的精神を持ってもらいたいという平生の凄まじいまでの意気込みと努力、粘りの結果だったといえます。

　1934（昭和9）年、平生はついに甲南病院の開院にこぎ着けたのでした。

■ 川崎造船所の再建

　時を同じくして、長年の放漫経営、杜撰な工場管理、労働争議などで、神戸の株式会社川崎造船所（現・川崎重工業株

式会社）は経営継続さえ危ぶまれる状況に陥っていました。1931（昭和6）年、債権者との話がこじれ、強制和議の申請が裁判所に出されました。和議整理委員会が設置され、平生はその委員になります。平生の手によって「双方の利害得失を考察して公平なる判断」の整理案が示されました。「平生が整理委員に加わっていなかったら、双方にとって好都合となる円満な整理案は作られなかったかもしれない」と評されたものです。

その整理案が実施段階を迎えると、平生は川崎造船所の債権者である日銀総裁や財界有力者から、川崎造船所の社長職を引き受けるよう強く要請されました。造船所の存続は従業員1万6000人の雇用と、その家族全体で7、8万人の生活に関わり、人口70万の神戸市にとっては都市の存亡にも影響する事態でありました。さらには国にとっても川崎造船所は三菱造船所、海軍工廠（＝海軍に属し海軍の戦艦や武器の製造を担当する工場）と並び、海軍艦船の極めて重要な供給元で、その存続は国の軍備にとっても欠くことのできない大きな問題だったのです。

60歳で東京海上の専務を辞して実業界を卒業し、社会に奉仕する事業活動に専念してきた平生は、一企業の救済のためではなく、社会に対する奉仕事業として川崎造船所再建のために社長職を引き受けたのでした。したがって、就任にあたっては無報酬を条件としました。あわせて重役の選任を社長である平生に一任することも認められての出発でした。

平生釟三郎68歳の年でした。

当時、資本家と労働者は対立関係にあるという考えが広がっていましたが、平生は労使についても共存共栄を主義とし、川崎造船所でその労使協調論を実践しようとしました。造船所は艦船、飛行機、車輌、製鈑の各工場からなっていましたが、海軍から受注する艦船工場が最も採算が悪かったのです。高い給与で能率の上がらない工員が多く、現場は弛んでいました。

そのうえ国家予算の関係もあって海軍からの注文価格は絞られており、工期3年とすれば、そのあと注文が継続するかどうかも分からない。3年経って継続しなければ、工場を閉じなければならず、それはそれで莫大な経費が掛かってしまうことになる。戦艦需要が高まる中でも、建造を引き受けると一艦で70〜80万円の損失が出てしまう。こうした艦船工場の事情を改善するため、海軍大臣、大蔵大臣、さらには総理大臣にまで面会して折衝しましたが、事情の厳しさに理解を得られても、受注条件の改善には至りませんでした。平生は「国家の非常時」において、それを覚悟で受注するのはもっともなことだと腹をくくり、艦船の工場長に良き人材を得て、機械の改良や設備の改善、事務所倉庫などの増築に注力しました。また、古手の管理職を力量のある若手に入れ替え、信賞必罰（＝賞罰を厳格にすること）も併せて実施するなど、工場内の効率化に取り組んだのでした。そうして、工員たちの理解と協力をとりつけながら、造船所全体の士気を高めて

いきました。

　さらに海軍工廠では労働時間が1日8時間半、三菱は9時間、川崎では8時間でしたが、賃金は川崎の方が高めでした。同じ艦船を製造するのに、この差は大きい。是正に向けて、工員はじめ社内全体の再建意欲や、社長である平生への信頼感が高まる時を待ちました。社長就任から1年ほど経ったころ、平生は工場長と協議に協議を重ね、「自らが陣頭に立って誠意を示すことで工員たちの理解を得たい」と決意し、労働時間の30分延長を断行しました。これは実に平穏のうちに実現しました。これにより、一艦船の建造期間も大幅に短縮され、必要延べ人数も縮小されて、50〜70余万円の差益をもたらすことができたのです。艦船工場も、大幅な赤字から収支均衡へと持ち直しました。

　さらに、従業員の協力を強固なものにするため、そして若い工員を育成するために、工場内学校として川崎東山学校を設立し、1週間おきに昼間にそこでの勉強時間を設けました。若い工員が仕事の基礎や教養を身に付け、人間的にも成長することを目指したものでした。ほかにも共済組合や川崎病院を設立し、従業員の福利厚生の向上にも尽力しました。

　川崎造船所の社長にあっても、まさに共存共栄主義の実践躬行、努力の人でありました。平生の四方八方からの努力が功を奏し、1934（昭和9）年の下半期の決算においては、彼が予想したとおり287万余円の収支残高を計上し、そのうち124万円を優先株に対する4分の配当に当てることがで

きたのでした。実に 8 年ぶりの配当となりました。造船所は 1928（昭和 3 ）年に 9 銀行の組織したシンジケートから1100 万円を借り受け、1932（昭和 7 ）年までに 210 万円しか返却できていなかったのですが、平生は造船所に現金収入がもたらされるに至った 1933（昭和 8 ）年の暮れから翌春にかけて、これを完済し、会社の財政を利子の洪水から救い出したのでした。そして 1935（昭和 10）年 12 月 23 日、川崎造船所株主総会は優先株に対し 5 分、普通株にも 1 分の配当を議決することができました。これは債権者にも株主にも大いなる満足をもたらしました。

　平生の獅子奮迅の尽力によって、絶体絶命の危機にあった川崎造船所は、その社運を見事に逆転したのでした。そして、平生が社長を辞することになったとき、造船所の工員たちは各自 10 銭か 20 銭ずつ出し合い、平生の胸像を造って感謝の念を表しました。

■ 訪伯（ブラジル）経済使節団長として大成果、そして大病

　平生は社会事業や社会奉仕に取り組む中で、日本人の海外移住を促進する活動に強く関わっていました。特に南米ブラジル（伯剌西爾）への移民に関心が高く、世界事情視察の旅行（1924 〜 25 年）の際にも、米ニューヨークからヨーロッパへ渡る前にブラジルにも足を延ばしています。人生三分論を確信するきっかけとなったエドワード・ボックの本と出

合った船旅でした。

　ブラジルには1カ月ほど滞在し、すでに十数万人になっていた日本人移民の現状をつぶさに視察しました。このころすでに、ブラジルにもアメリカ同様の日本人排斥の動きがあったからです。それから10年経った1933（昭和8）年には、日本人移民の受け入れが、それまでの2％にまで減らされることになりました。日本政府はこの打撃を緩和するため、経済面で日本とブラジルの間の親善関係を増進し、ブラジルの広大な土地を日本人にも開放してもらうべくブラジルに経済使節団を派遣することになりました。

　平生はこの使節団の団長に任じられました。齢70での国への奉仕のお役目となったのでした。ブラジル滞在の1カ月余り、連日の難しい交渉も、国賓待遇としての歓迎接待の日程も、決して核心をそらさない共存共栄の交渉力で首尾よく

1935（昭和10）年4月　訪伯経済使節団長として、秩父丸で出発

終えることができ、大成功といえる成果をもたらしたのでした。

　とりわけ、欧米のみならず地球全体を俯瞰する中で、工業国、農業国としての日本とブラジルとの関係（日伯関係）の拡大の可能性にいち早く気づき、コーヒーや綿花などと、紡績機をはじめとする機械類、綿製品などの工業製品の輸出入を互いに拡大することにより、両国の信頼関係を高めることに成功したのです。これを推進するにあたって、日本の開拓移民の優秀さと勤勉さが非常に大きな役割を果たしていることをブラジル側に再認識させることとなりました。米国での排日移民運動に刺激され、同様の日本移民の制限策を採っていたブラジルは、日本移民数の制限策を大きく緩和したのでした。これも平生使節団の大成果の一つとなりました。

📖✏️ **余聞**

　1930年代半ばまでに日本からブラジルへ渡った移民の合計は約17万人であった。現在、ブラジルの日系人は推定約200万人、6世代目を数える。農業大国、資源大国としての今日のブラジルの発展に、日本人移民が果たした役割は大きい。そこには、共存共栄という平生のフィロソフィに裏付けられた洞察力、構想力、実行力、交渉力、総じて平生釟三郎という世界に通用する人物の存在があったことを忘れてはならない。

■ 覚悟してしたためた遺書・辞世の句

　使節団の旅が最終盤を迎えるころ、平生は疲労が重なり、体力はひどく衰えていました。ブラジルからウルグアイを経てアルゼンチンの視察へと向かう汽車の中で、平生は酷い下痢に苦しみました。付き添いの医者は赤痢であることを疑いませんでした。医療環境からみて、アルゼンチンにたどり着かないことにはどうにもならない。しかし、アルゼンチンに着くには、まずウルグアイ国境の検疫所を通過しなければなりませんでした。平生は最後の気力を振り絞って、ステッキを振り振り元気を装ったのです。検疫官もこれに気圧されたようで、検疫を何事もなく通過できました。同行の医師によれば、それは「平生の強固な意志の力」に依るものでした。

　アルゼンチンに入り、ブエノスアイレスに着くや病院に担ぎ込まれました。やはり、赤痢でした。重篤な状態が続いた入院3日目、平生は自身の死期が近いのを感じて、病室のベッドで仰向けのまま、手元にあった書類の裏に力を振り絞って「遺書」をしたためたのでした。

　「奉公ノ任務ヲ了リ、今ヤ南米ノ南端ニ逝カントス。一言書遺スコト下ノ如シ。（奉公の任務を終わり、今、南米の南端で命尽きようとしている。一言、次のように書き遺しておく）」と書き始めて。

　訪伯経済使節団諸君、兵庫県教育会、甲南高等学校理事諸君、卒業生および学生、甲南病院理事その他職員諸君、拾芳

会員、そして、すず夫人、3人の子どもたちなど、それぞれに託す思いを伝えています。辞世の句も6首書き添えていました。一句紹介しておきましょう。

世の務め終わりてここにとこしえに
南十字星下に我は眠らん

それから数日間の昏睡状態が続きました。医者も回復を保証できないほどの重体でしたが、"なお生きて国への奉仕をするように"との天の思し召しだったのか、平生は入院生活30日で完全復活を果たしたのでした。そしてリオデジャネイロに戻り、その後、すず夫人と共に、予定通りイギリスをはじめ欧州各地を巡り、元気に帰国したのでした。

■ 文部大臣 平生釟三郎

世界事情の視察から帰国して5カ月が過ぎたころ、天の声を聴いたかのように、平生に文部大臣就任の要請がありました。二・二六事件後の教育制度の刷新をなしうる文部大臣の選任に頭を悩ませていた広田弘毅内閣が、文政審議会委員や甲南高等学校校長の経験があった平生に白羽の矢を立てたのでした。日ごろから何とか日本の教育を立て直さなければならないと考えていた平生は引き受けました。

1936（昭和11）年3月、第49代の文部大臣に就任した

平生釟三郎は71歳になっていました。

ところが広田内閣は翌年2月に総辞職に追い込まれ、平生の文部大臣在任期間はわずか10カ月で終わり

「正志く強く朗らかに」文部大臣時代の平生筆

ました。しかしながら、この短い期間に、政界の荒波をものともせず、6年だった義務教育を8年に延長するという案について、文部官僚たちや大蔵大臣までをもその気にさせ、国の予算案の中に盛り込ませるところまでこぎつけていたのです。ただ、その平生ならではの政策も、内閣の総辞職によって実現には至りませんでした。

■ 日本製鐵社長として合理化・増産に尽力

その後しばらくして、平生は商工大臣への就任を要請されたこともありました。国への奉仕を強く念い、実行力も持ち合わせた人物、川崎造船所の再建で見せたあの剛腕を、国が放っておくはずがありませんでした。しかし、その要請に対し平生は「文部大臣であれば受けるが、商工大臣はお断りする」と言い、"大臣になりたがり病"の多い政界を驚かせま

した。経済産業に関わるのであれば、商工大臣になるよりも、もっと国のために奉仕できる仕事があると考えていたからでした。

　事実この年（1937年）の6月、平生は国策会社ともいうべき日本製鐵の会長（後に社長）を任されることとなりました。平生は良質の鉄鉱石・石炭の安定的な調達や、製造過程の徹底的な合理化に陣頭指揮をとって臨み、鉄鋼の増産に尽力したのでした。

　鉄鉱石・石炭の安定供給の一環として、1938（昭和13）年3月には北支経済顧問も引き受け、日本と満州（中国東北部）の間の分業体制の構築（日満鉄鋼国策一元化）の実行を企図しました。

　しかし、満州で夜郎自大（＝自分の力量も知らずに大きな顔をすること）を決め込む日本軍との調整は、いかに平生の調整力や意気込みをもってしても、寄る年波に弱っていく体力では、かなわぬことでありました。

　それでも、国内ではなお鉄鋼、電力等の重要産業で指導的役割を果たし、経済諸分野の政府委員を務めるなど、国への奉仕活動を続けましたが、1941（昭和16）年12月8日の日米開戦とともに、戦況を気にしながらも、ついに社会の第一線から離れたのでした。

■「正しく強い者」
80年の生涯を閉じる

　1942（昭和17）年、平生は長年の国家への貢献が認められ、勲一等旭日大綬章を受章しました。翌年には当時最高の栄誉とされた枢密顧問官にも親任されました。1945（昭和20）年8月15日、太平洋戦争の終戦の詔勅（玉音放送）を聞くと、平生は毎日、これを家族と一緒に奉読しました。

1942（昭和17）年　勲一等旭日大綬章受章

1942（昭和17）年5月　喜寿記念の肖像画が贈呈される

　喜寿（77歳）を過ぎてから病気がちだった平生は、終戦か
ら3カ月後の11月27日、老衰で静かに息を引き取りました。

　平生釟三郎、享年80でした。

　「総力を将来の建設に傾け、道義を篤（あつ）くし志操を鞏（つよ）くし誓っ
て国体（＝歴史文化も含む国の体制）の精華（せいか）（＝優れた真価）
を発揚し、世界の進運に後れざることを期すべし」との終戦
の詔勅の言葉に、日本の未来を託して。

　哲学者パスカルに「正しい者が強くなるか、強い者が正しく
なるか、より外に人間は救われない」という箴言（しんげん）（＝戒めとな
る言葉）がありますが、平生釟三郎という人は「正しく強い者」
でありました。それでも、天寿には逆らえませんでした。

　平生の逝去を受けて、1945（昭和20）年12月16日、旧制甲南高等学校の講堂にて盛大な学園葬が営まれ、稀代の教育者の死を惜しみ、悼んだ。その後、平生が拾芳会の学生たちと過ごした自邸跡は、平生記念館、平生記念セミナーハウスとなって、今も学生や卒業生ら数多くの甲南人たちの集いを見守り続けている。

1945（昭和20）年12月　平生釟三郎の学園葬

第二部

平生フィロソフィ
その人生の根柢

人類の尊ぶべきは、知能にあらず、人格・性格、すなわち、誠なり

「誠」とは

　人格・性格などというときに使われる「格」という漢字の意味は、コツンとあたる固い芯のこと。つまりは人としての精神的な芯棒、性質がきちんとしっかりしていることです。そして「誠」とは、ごまかしのない言行のことです。つまりは、人でも国でも、知識の深遠を期待するよりは、人格の崇高さ、国体に格調があることを求めるべきで、「誠」というものは、言うこととすることに後ろ暗いところがないこと。これを重んじるのが、平生釟三郎のフィロソフィなのです。

　ギリシャの哲人ソクラテスは教室も作らず、授業料もとらず、学位も授けず、ただ若者に「正しいとはなにか」を考えるということを真剣に教えて回りました。教師の鑑、人類の宝です。

　鎌倉時代の日蓮上人は、鎌倉幕府や幕府の周りの仏教の各宗派から幾度にもわたって迫害を受けながらも、法華経こそが唯一無二の教典であるのだと、命がけで布教を続けました。その烈々たる熱誠（＝ひたむきな真心）、勇猛な心には「われらの永劫の師表（＝私たちの未来にわたって模範となる人

の姿)」です。

　キリストの十二使徒のひとりペテロが皇帝ネロの迫害から逃れようと、ローマから抜け出そうとしたとき、夢に現れた十字架を負うキリストに "Quo Vadis"「主よ、いずこへ行き給うや」と問いかけ、キリストから「汝、我が民を見捨てなば、我、ローマに行きて今一度十字架にかからん」と言われて夢から覚め、誠はいずこにあるのかを悟りました。そして、ローマに戻り、苦難に遭いつつも布教に努めて自身も極刑に処せられました。一大世界宗教となるキリスト教に熱誠をもって殉じたのでした。

　これらはすべて、平生がよく口にした「誠」に関わるエピソードです。

武士的精神

　平生の父は、武家に養子に入って武士になりました。代々武家を継いだ武士ではありませんでしたが、逆にそれだけ強

1914（大正3）年　田中家嗣子（甥の舒之）への訓示

く武士的精神を持っていました。明治時代になって武士の身分がなくなっても、この精神をもって子どもを厳しく育てました。曲がったことが大嫌いで、「たとえ3度の飯をお粥で我慢しても、不人情なことや、不義理なことは、絶対にしなかった」と平生は述懐しています。

　この厳格な父から受けた感化は、平生の人間観、人類観に強い影響を与えたのでした。

常ニ備ヘヨ

　平生は数々の自然災害に遭遇しています。甲南学園にも多大な被害をもたらした1938（昭和13）年の阪神大水害の際、学生にこう訓話しています。

　「わずかな科学的知識に自惚れた技術者が、この大自然を征服したかのように大口をたたくのは、ばかばかしいことで、神の力は無限大であることを君たちは心に刻むべきである。君たちの中にも、理化学を学んで世の中にその知識を活用しようとする者や、法

1938（昭和13）年7月　水害後の甲南高等学校生の復旧作業

律や経済を学んで社会の秩序を
整えようとする者がいるだろう。
いずれも歴史を重んじ、経験を
学び、決して軽はずみな行動を
とってはいけない。それは、科
学技術であれ、経済的成功であ
れ、傲慢や慢心、自己中心的な
考え方、無関心に対する天の警
告である。今回のことは神が与
えられた一種の警告として受け
取るべきである」と。

「常ニ備ヘヨ」碑　甲南大学構内

　平生は地震や風水害などの自然災害について「科学の発展
に頼った過剰な自信に対する、自然あるいは天の、神の警告
なのだ」と考えていたのです。

　「常ニ備ヘヨ」と平生が書いた甲南小学校と甲南大学にあ
る碑（＝石碑）の言葉は、どんな時でも、「誠」の美徳を常
に心の芯にもっていなさい、という意味なのでしょう。
いしぶみ

美徳の継承と真善美

　平生はさまざまな読書の中から、人類進化の過程で、人類
が精神的存在になったことの重要性を学んでいました。少し
難しくなりますが、平生の大局観を面白く知ることができる
ので紹介しましょう。

生命が生物の形をとり、幾度も幾度も変化に変化を重ねて進歩向上し、遂に人間の姿となって地上に現れることになった過程というものは、実に測り知ることのできない長い時間が費やされています。原人が世を変え、今日の人類社会を現出させるに至った過程にも、ずいぶん長い歳月を要しています。いわば「過去から未来へと永遠に流れ、ひと時たりとも途絶えることのない生命の大流動」の中で、人類が二足歩行や霊性、精神性を持つようになる大進化―改善に改良、向上、進化と、あらゆる善への前進、実行、達成―を可能にしたのは、人類各自が努力して、正直、勤勉、忠愛、恭謙（＝慎み深く控え目であること）、節倹、礼譲（＝他人に礼を尽くし控え目であること）、思慮、義勇（＝正義の心から発する勇気）、犠牲、協力など、「誠という源泉から湧き出す、あらゆる美徳」を実践することによっているという外ありません。このような美徳の不実行が、いかに個性の破滅や人類社会の壊乱につながることになるかを理解しなければならないのです。

　そう考えれば今日、私たちが享受する平和や幸福というものは、私たちの遥かなる祖先が全知全能の神を目がけてまっしぐらに突き進み、多大な犠牲を払い、幾多の美徳を実行して一大貢献を成し遂げた結果に外ならないといえます。そうであるとするならば、現代社会に生きる私たちも祖先のように、この美徳を継承し、人間の最高の価値といえる「真善美」であろうとすることに励む以外にないでしょう。

これが、いつとは知れない昔から、いつとは知れない永遠の未来へとつながる人類生命に対する私たちの責任であり、義務なのです。

　自己という小さな形体（存在）だけに視界を狭めてしまわずに、心の目を永遠の過去、永遠の未来へと向けて、人生を広く見渡し、道理や真理を見極めることが肝要なのです。平生のいう「大局の打算を誤らず（物事の大きな流れを見誤らない）」とはこのことです。「広くて深い理想を持った行動を貫く徳の人になろうとする」ことが、人としても、日本国民としても、人類の進歩を担うことになるのです。そのためには教育において知育偏重、科学万能主義、画一形式主義の制度を改めて、人格教育や精神教育を再建することが急務だということになるのです。

　人間について、知能第一とする傾向を極端に言えば「人間を物質的に見る」ことに外なりません。道義というものが人間の世界を支配しなくなれば、結局、あとは物質の支配だけになってしまいます。人間の世界をすべて物質的解釈で片付けてしまおうとする唯物思想は、人間が精神的存在であるという厳粛な事実、人類の偉大な価値といったものを無視したものです。人間の根柢に、正しい人格的基礎づけがなければ、どうしても労苦を嫌がり快楽を求めて、秩序や節制、親和や勤勉を重んじることなく、不忠や不規律、不実や気ままな振る舞いへと流されることになってしまうのです。

天賦の才は凡ての人に在り

天運と天分は神の業　残るは人の努力なり

　平生は「すべての人は天才である」と言いました。天才とは、人それぞれに天が授けた才能のことを意味します。普通は何か飛び抜けた所のある人や、並外れた才能の持ち主のことだと思われるでしょうが、平生は「天才はすべての人に在り、一人ひとり異なったものである」という西洋の諺にならい、「十人十色、すべての人に天才がある」と述べています。

　平生が常々口にした「努力する義務」「教育の役割」「社会の調和」「共存共栄」「共働互助」という考えの基盤は、ここにあるのです。

　天才について平生は「天運と天分は神のなせる業で、残るは人の努力である（運命や生まれつきの性質、才能は神様の仕業だが、あとは人としての努力の賜物なのです）」と語り、自分が授かった才能がどのようなものであるのかを見出すための努力を求めています。弛まず、惜しまず、努力し尽くすこと。これが人生の意味であり、努力する義務であるのだ、と。

　そして、天運に恵まれ、努力の甲斐あって天分を全うできたならば、その成果を独り占めするのでなく、「社会の調和」

のために役立てることが美徳だと説いています。努力こそ成功の基なのです。天才的知能と強健なる素質とは、あくまで天賦、天の恩寵、偶然であって、人間によってつくられたものではありません。それゆえに天運と天分は少しも誇るようなものではないのです。

　人として、生まれつきの才能や心身の健康を維持して努力し、人として輝いてこそ、その本分を尽くしたといえます。天才というものは、成功の母でもなければ、それだけを頼みにするようなものではないのです。

拾芳生への手紙

　拾芳生の一人に宛てた励ましの手紙の中で、平生がこう書いています。

　「これからのちも思慮分別を持って気丈に、身体をたくましく健康に保ち、その志を遂げることに努力しなさい。真に偉大な人物というものは、若いころは目立たず、少しずつ実力を養っていき、後に大成するのです。だから、どんなことにも成功を急がなくてよろしい。他人と功績を競い合うというようなくだらないことを学ぶ必要などないのです。自分の考えを信じて奮闘しなさい。人間というものは、自分が天から与えられた才能を発揮することに努力していれば、自分の心や行動に少しも恥じることはない。できないことを考えて悩み苦しむ必要もないのです。私は教え子に対して、それぞ

れが天から与えられた力量以上のことを期待しているのではないのです。」

天分を引き出す

　ある人間に天から与えられた才というものは、誰一人として他の人間には分からないものです。親も分からないし、自分でさえも分からないでしょう。ただ、人間にはこれを見出そうとする本能が働きます。教育には、人の中に埋もれている天賦の才を引きだす役割があるのです。とりわけ高等教育（＝大学などで行われる教育）においては、詰め込むのでなく、ポンプの誘い水のように個々の天賦の才を引き出す役割が求められます。英語の "educate"（教育する、育て上げる）の語源はラテン語の "educo" で、"e" は "out"、"duco" は "pull" の意です。ゆえに "educate" は "pull out"、すなわち「人間個々の内なる天分を引き出す」という意味になるのです。

　人間は皆、異なっています。外見も、内面も、実に多様です。ピアノが奏でる音楽は鍵盤一つひとつが異なる音を出すから調和のとれたメロディーを楽しませてくれるのであって、どのキーを叩いても同じ音しか出ないのであれば音楽になりません。人間社会も同じで、異なる者同士が調和し合うことで良い社会が成り立つのです。平生は学校の教師らにしばしば、こう諭していました。

　「あなた方は決してハサミやヤスリを持っていてはいけま

せん。人間は西洋の鍵と同じく"ワンホール・ワン・キー"で、一つの鍵穴には一つの鍵しかないのです。あなた方がヤスリで全ての鍵を同じように削ってしまえば、みな同じ穴にしか合わなくなり、争いが起きます。それぞれの鍵は、各々その適した穴に入るべきものなのです」と。

共存共栄

不合理には屈しない

平生はしばしばこうも言っていました。

「世の中には合理と不合理と非合理とがある。不合理には僕は同意できない。しかし非合理には従わなければならないことがある。絶対の力、神様や仏様に連なる正しい力は信じるべきだ。この非合理は人間生活になくてはならないことだから、僕は非

自宅の庭にて、すず夫人と

合理には頭を下げるが、不合理には絶対に屈しないんだ」と。

　また、自宅の庭の草むしりをよくやっていましたが、その草むしりについて、日記にこう書いています。

　「哲学的に評するならば、悪草や雑草を掃除するのだから、あたかも社会における凶者悪漢を撲滅するようなもので、草むしりは人類社会における法律道徳とその生かし方を一にする。草むしりの効用は、一心不乱に草むしりに集中でき、雑念を払って休養にも気分転換にもなることだが、さらに悪さを抜きとり、他への悪影響を早めに取り去ることもできて、いいことづくめだ」と。

　このように平生は、正・不正、合理・不合理について、厳しく区別して、事に当たったのでした。

調停仲裁の力の源

　しかし、人間生活の中には、正対正、合理対合理、利対利（利害関係）の対立や、折衝、衝突の関係は極めて多く、平生も当事者としてその渦中に立たされたことも多くありました。また第三者として居中調停（＝利害の対立する二者の間に立って穏便に解決を仲介すること）する立場に立つことも少なくありませんでした。自分が当事者の場合でも調停仲裁の立ち場でも、平生は必ず、共存共栄の道を探っていました。そして、それは多くの場合、成功に至ったのでした。

　成功するために、平生はいかなる場合でも相手の事情や心

情をくみ取ることを忘れませんでした。喧嘩は一人ではできません。世の中の紛争とて、片方だけが必ずしも常に正しいわけではありません。当事者は自己のことばかりに囚われるので、相手や周りのことが見えなくなりがちです。見えない者同士がつかみ合えば、怪我をするに決まっています。平生は会社の利益のためにも、相手側の利益をも尊重したのでした。自らを利すると共に他をも利するのでなければ、取り引きは栄えません。共存共栄でなければならないと考えていたのです。

　具体例として、平生が関東大震災（1912年関東を襲った大地震、死者行方不明者15万人、被災世帯69万に及んだ）のときにとった行動が挙げられます。震災当時、地震による被害は保険の契約対象に入っておらず、保険会社には地震被害者への保険金支払い義務は法的にはありませんでした。しかし、被災者の惨状・窮状は目を覆うばかりで、政府も見過ごすことができず、大日本火災保険協会（協会長は東京海上の各務鎌吉）、議会、デモ隊（平生は庶民がどう望んでいるかを探りに観察に出かけていた）の三者の利害が錯綜する中で、契約保険金の1割を保険金としてではなく見舞金として保険会社が支払うという結論を打ち出したのでした。もともと平生は震災直後からこうした主旨の助言を各務にしていました。

　しかし、東京海上を除くすべての保険会社に支払いの余力がなく、政府の命令に従えば通常の保険業務に差し障ることになってしまうので、政府は保険会社に対して見舞金の支払資金を低利で助成することにしました。支払い能力のある東

京海上だけは、平生の提案で自力支払いを行いました。これは、保険契約の法律遵守（保険事業を継続することが顧客の信頼を得る絶対条件）、自主自立、そして持てる者の社会事業的義務という、三つの顔を立てた平生の理も情も利もある共存共栄の立場によるものでした。

　平生は、欲得ずくの行動や日和見の姿勢とは縁が遠い人でした。調停にあたっては、背後で人を動かして画策するよりも、正面から自ら折衝にあたり、そこで能力を発揮する実践実行の人でした。共存共栄を重んじ、時に「強きをくじき、弱きを助ける義侠心」に燃えることもあったのです。そのため、和解調停を他から託されることも多々ありました。その中に、川崎造船所の再建を任されるという事案もありました。これについては第一部の「平生の生涯」で見たところですが、ここでは労働問題や労使関係の在り方について、平生の「共存共栄のフィロソフィ」が、現実にその実効性を試されたのでした。

労資協調・共働互助

労使における共働互助

　この「共存共栄のフィロソフィ」は、労使間の問題でも発揮されました。階級闘争論が時代を覆う中で、平生は「労資協調・

共働互助」のフィロソフィを理論的に展開・主張したのです。

　大正から昭和にかけて、マルクスの共産主義に基づくロシア革命（1917年）の成功で共産主義国家が成立し、世界の各所で階級闘争が激しくなりました。また、共産主義社会実現の可能性についても盛んに議論されるようになり、そのための政治運動も活発になっていったのでした。

　平生はこうした状況においても「人類は互いに相手を倒そうと争うものではない。闘争というものは破壊であり、破壊は人類のために都合の良いことなど何ももたらさない。だから資本家と労働者階級の間の利害の衝突は避けるべきだ。両者は共存共栄しなければならない。そのためには、両者とも自己の利害は後回しにして社会の公益を先に考える信念を持ち、資本家は資本を、労働者は労力を、互いに提供し合わなければならない。資本家とは、社会のために資本を投下する役割を果たすべきもので、この役割を合理的に果たすことが、社会一般の利益になるとの信念を持つべきである。労働者も

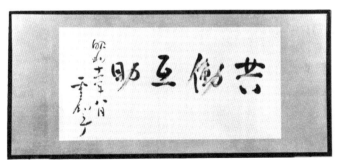

平生筆「共働互助」の扁額

日々働くことは社会人類のためであるとの信念の下に働けば、両者間に闘争が発生するような原因も機会もないだろう」と考えたのでした。

平生は「資本家に偏ることも、労働者に傾くこともなく、産業の増進には労資の協調を必要とし、労資の協調にはこの二元素を対等同位のものとして、互いの利益を擁護することを必要とする」と考えていました。平生はこれを川崎造船所の再建で現実に遂行してみせたのでした。国内でも世界でも、資本一元論、労働一元論の抗争が至る所でありましたが、平生は労資に二元素の共働互助論を説いたのでした。

資本階級の者は、獲得した利益は全部自分の能力で得たものであると考えますが、これは誤りです。「各人が天賦の才覚と体力に応じてその努力に対する報酬を受けることは自然なことだが、いわゆる社会の進歩や国運の隆盛に伴う"luck"（偶然に得る幸福）ともいうべきものをその個人が自分のものにするというのは、公共の財産を個人が私有するということになる。だから、決して善行とはいえない。」平生は、そう信じていました。

天運に恵まれて得た恵沢は 社会に還元すべきである

他方で、無産階級に属する人々は、むやみやたらにマルクスやクロポトキンに魅せられ、人類は肉体的にも精神的にも

それぞれ異なり、それは顔かたちが皆それぞれ異なっているのと同じであることを忘れているかのように、誰彼となく共産（＝財産の共有）を唱えて平等を迫りました。そんな考えに対し、平生は「人類が個々に異なっているのは、天賦天凛（生まれつき得た）のもので、人の仕業ではない。天為によって生まれた運命の相異を、人為で是正しようと努めることは良いことだが、これら全てを完全に矯正することは到底絶対に不可能なことである。天賦の性格や健康から生じたさまざまなものを全て人為によって正すことはできないと自覚し、人為をもってこの相異を助長しないように努めることが人類当然の義務である」という信念を持っていました。

　労働問題を解決するためには、私有財産を廃止して資本主義を撲滅し、国家社会主義、共産主義、ボルシェヴィズム（＝マルクス主義を現実社会に適用させようとした思想）を成功させることが必要だとする廃止・撲滅論は、人類の絶対平等を前提としていました。彼らにとって人道とは、人間個々が有形無形において絶対均一の恩恵にあずかるようにすることだと考え、その主義を実行しようとするものでした。

　しかし、平生は「人類も有機体（生物）の一種なのだから、他の動植物と共通する天性を持っている。同じ畑に同じ種子を蒔いたとして、その種子が全て発芽するわけでないし、発芽しても絶対同じようには育たない。その発育の良否優劣は自ずと存在する。しかも、それぞれの苗は自然の摂理にゆだ

ねて天命を待つようなものだ。それは動物でも、また人類においても同じなのである。人類には他の動物と違い霊知霊能があるといっても、人間個々の間で、肉体上や精神上における天賦の力量に違いがあることは免れないことだ。であれば、各人が絶対に同じ福利を得ようとすることは自然の摂理に反するものである」と考えていました。

　ただ人類は社会を組織し、互いに群れをなして長短補い合い、相互の福祉を増進させるという天性を持っているので、この点において他の動植物と同じように考えるべきではありません。父子の間に信があり、夫婦の間に愛が生まれる。そうして、同じ立場ではない師弟、兄弟、朋友、親戚、故旧、同胞間においても信愛は存在し、社会を組成し、国家を組織します。これら今日の社会組織は人類の進歩発達の結果であり、決して天の法則に反したものではありません。ただ何事にも度を過ぎ、機を逸するという弊害は免れないので、私たちの幸福を増進しようと企画された制度がその度を超し、逆に一部を利して他を害することになってしまうことにもなります。
　たとえば、共産主義が完全に実行されたとすれば、私有財産は没収され、あらゆる財産は国家の所有に帰することになります。国民全部は国家に奉仕する労働者となり、国家の命令に従って労働することになるのです。衣食住のすべてを国から配給され、国民は国家の奴隷となってしまいます。その

昔、奴隷と言われたものは、その主人の命令を受けて労役に従事し、主人より配給を受けて衣食し、生活をしていた者です。共産主義が完全の域に達したとき、国民全体が奴隷生活をなすことになります。

　そうして国家の政治機関を組織するものは人で、その機関には最高統制者が必要です。その名は君主と呼ばれようが、大統領、dictator、中央執行委員長という名であろうが、また武力でその地位を得たか、選挙でその実権を握ったのか、いずれであっても、その有する権力やその統治のあり方は同じです。そうなれば結局、一人の主権者の命令により政府の役人たちは行動し、その役人が国民全体を命令に従わせることになります。この政府機関を組織する人々こそ支配階級をなし、たとえ選挙が行われたとしても有名無実であって、一種の独裁体制と何ら変わりません。こうして国民は行動の自由も衣食住の独立も失ってしまう。国民全部がこのような国家的奴隷生活に甘んずることは難しいのではないでしょうか。

　そして、平生はこう考えていました。「資本主義であっても、物質的文明の発達に役立ち、人類の肉体的な福利に向かって寄与したことはこの上なく大きなもので、決してその成果が埋没することがあってはならない。しかし、その弊害として資本の分配が普遍的でなく、少数の資本家の手に蓄積され、その勢力が過度に強大となったため、無資本者が正当に福利を享受することができなくなっている。資本家は世襲的に資本の力に頼って、無資本者を圧迫するようになった。無資本

者が、"undue influence"（過度で不当な影響力）に苦しまざるを得なくなっている欧米の現状に対する反動として、資本排斥論が歓迎され、革命気分が盛り上がっている。つまり、こうした資本の私有が天則に反していることから生じたのではなく、資本の分配が当を得ていないことから生じている現象なのだ」と。

そして、平生自身の経験から、こう述べています。

「私が東京海上の専務を辞して社会、特に教育事業に余生・余裕を捧げることができるのは、私が三十余年奉職した会社の関係者の技量や努力によってもたらされているところが大きい。しかし、その半分以上は日本がこれまで歩んできた"unique"なる進歩（偶然も含めての天運）に帰するものだ。つまり、そこに好運の力が多分にあるとするならば、その恩恵にあずかる株主や重役社員もまた、得た恩恵の幾分かを公共事業に投資して、偶然の収益を社会に還元するのが当然である。もしもこれらの利益を全て我が物にしてしまうのならば、不当の利益を得ているとの誹そしりは免れない。世間でもてはやされる富豪や財産家が、自己が得た財産の生じた理由をよくよく掘り下げて考え、不当な利得を社会事業へと投ずることになれば、無産階級の人々といえども本来善良なのであるから、その公平な行動の意気に感じて、階級的闘争のような双方に不幸をもたらす確執を取り除くことになるに違いない」と。

要するに「人心の悪化や、資本家に対する憎悪の念を緩和

するには、私有財産を廃止したり資本主義を撲滅したりすることによるのではなく、自分の利益だけを考えるような企みを止め、労資間の分配を当を得たものにし、自己に非がないのに物質的にも精神的にも苦しみ悩む人々がいなくなるように、社会奉仕の念を徹底させることなのである」というのです。

社会奉仕 ―縁の下の力持ち―

"service" は各人、その身分と
境遇に応じてなすべし

「社会奉仕」への思いについて、1928（昭和3）年8月4日の日記に、平生のフィロソフィが十二分に表現された拾芳会員向けのスピーチ原稿が残っています。そこから抜粋しましょう。

1928（昭和3）年8月4日の日記

「人類共存の信念や精神を実現するためには、各人はその身分と境遇に応じて"service"（社会奉仕）をするべきであるという主張を一層貫き通す必要がある。にもかかわらず、現代の日本においては、"service"とは自分が損をして他人に利益を与えることで、犠牲を強いるものだとしてこれを好まない人が大多数である。そして、彼らはむしろ他人に損害を与えてでも利益を得ようと求める。だから、今日たびたび行われる労働争議のような闘いを唯一の解決手段とするように、労働者は資本家のことを労働者の利益を搾取する者とし、これを絶滅して生産から生じる一切の利益を自分たちに収めようと考える。資本家は資本家で、労働をせず有形無形の生産によって得られた利益はできるだけ多く我がものにしようとする。このようにどちらの考え違いも度を越していて、争いは秩序や組織を壊してしまう。そんなことで満足を得ようとするのは、魚を取るために木に登るような見当違いのものなのだ。」

文豪ツルゲーネフのエピソード

　「生産というものは、協同を手段としなければならない。協同とは"cooperation"である。労働者と資本家は各々その本分を自覚し、共存の精神をもって協同共力してこそ理想的な生産を得て、互いの繁栄を享受できるのだ。そうしてこの繁栄に至るには、労働者も資本家も"service"の信念を

少しずつ自然に醸成していくほかないのだと思う。"service"は誰もが自身の社会的立場や境遇に応じてできるものである。社会奉仕は財力や権力があればできて、なければできないというような考えを持つ人が多い。もしくは何万、何十万、何百万、何千万円と儲けたならば、あれこれ公共事業を実施しようとか、ある地位を得たならば種々の社会事業を手掛けようなどと公言する人もいるが、"service"というものは必ずしも権力や財力を必要とするものではないのだ。」

「私が最近読んだ書物にロシアの文豪ツルゲーネフの逸話がある。この作家は "Fathers & Children"（『父と子』）という有名な小説を著して、当時のロシアにおける新旧思想の衝突を描写した人である。

ある日、ツルゲーネフは散歩に出かけた道すがら、物乞いに出会った。その物乞いは "旦那、何か下さい" と手を差し出した。年老いた見苦しいあわれな風体をしていた。ツルゲーネフはその前に立ち、何か自分に因縁があって手を出した物乞いに何かしてやりたい、知らぬ顔をして通りすぎることができない思いがした。ところがふと散歩に出かけたものだから何も持ち合わせていなかった。

ハンカチすら持っていなかった。そこでツルゲーネフは物乞いに何もしてやれないことを本当に心淋しいと思った。そこで、ツルゲーネフは静かに物乞いの手を握りしめ、"なぁ兄弟、よぉ兄弟よ、許しておくれ。私は何も持っていないのだ" と言うと、その物乞いの眼が一瞬鋭く輝いた。そして

"おぉ、あなた。私は今日ほど大きな恵みをいただいたことはありません。物をくれる人は世間に多いけれど、"兄弟よ"と言って私の手を握ってくれた人はいない。温かい握手、これほどの大きな恵みをいただくことはなかった。あぁ、ありがとうございます"と言って、物乞いは厚く感謝したということだが、実に味わい深い"episode"ではないか。」

「共存の精神さえあったならば、財力や権力を持たなくとも、互いに"service"をなし得る。人生の中でもっとも平和で愉快なこととして、その身分と境遇に応じてこれを楽しむことができるのだ。"service"は必ずしも犠牲を意味するものでなく、ひとつの握手によって精神的なものだけでなく、物質的にも大いなる報酬を得られるのである。私たちは自分の職業や事業を通じて"service"をなし得るのだ。

ロータリークラブの"motto"に"One Profits Most Who Serves Best"（最善の奉仕をするものに最高の利益がもたらされる）があるが、これは疑いのない真理だと思う。たとえば製造工場において資本家や事業経営者が製造工程に工夫を凝らしたり、使用人に心配りして適材適所に配置したりすれば、必ず製造効率は高まって製造原価を低く抑えることができる。このような場合、その原価の低減によって生じる利益を私利とせず、売値を下げることで顧客に対する"service"ができ、賃金を引き上げることで労働者に対する"service"もできる。売値の引き下げによって需要を増し、賃金の引き上げにより仕事の能率を増すことで、再び製造原価を低くす

ることができる。同一の"service"の繰り返しで顧客も満足し、労働者も喜ぶ。そうして自分としては一つひとつの利益を増やさなくても、売り上げの増加で巨利がもたらされることにつながるのだ。まさに共存共栄の精神に合致するものではないだろうか。」

社会奉仕にこそ人生の意義がある

　平生は「人生というものは、物欲が満たされればそれで十分だと考えるのでなく、社会奉仕にこそその意義がある」ということをフィロソフィとしていました。そして、それは「単にパン（生活の糧）を得るために働き、それに終始するという人生は無意味。それでは他の動物（鳥や獣）と何ら変わりはない。人間はこの世に生をうけたからには、社会人類のために多少なりとも貢献しなければいけない。私は常にそこまでを考えて、生活するために働きながら、社会の公益というものについてうまい方法を考え抜く」というものでした。

　平生はその時々に応じて、実践を重んじました。初めて社会に出て韓国の税関員に赴任した時には、韓国の青年向けに英語塾を開いています。これも奉仕活動でした。

　「社会奉仕は、単に金銭のみで行うものではあってはならない。他人のために良き"advice"（助言）をするのも、知恵を貸すことも奉仕である。ある坂で車を押している人がいるとき、通りかかった者が後押しをするのも"service"で

ある」と語っています。

　奉仕といえば、社会活動の中で重要な道徳的義務としての“cooperation”（協同）は、「相互の奉仕」だといえるでしょう。平生はよく、青年に向かって「service はなし崩しに為すべし」と教示しました。ここでの「なし崩し」とは、事と次第に応じて奉仕をわずかずつでも果たしていくことを意味します。そして「幼い時から自分の度合いに応じて“service”をする習慣を養えば、必ずやその力の増進とともに“greater service”（より大きな社会奉仕）ができるようになる。私もその一例に過ぎない。だから親というものは、子どもの養育について自分が範を示し、奉仕の精神を少しずつ自然に育てていくことに力を注ぐべきなのである」と訴えています。

　平生自身、東京海上時代の活躍によって、会社の利益を上げる活動を通じた社会貢献のあり方については理解していましたが、会社そのものはどうしても利益を上げることが直接の目的で社会への貢献は二の次、ともすれば社会への貢献は忘れ去られてしまいます。得られた利益も株主に手厚く分配され、社会貢献等には向けられません。

　こうした状況下で、平生は少しでも自らの課題解決を図っていこうと拾芳会を始め、貧しい学生に学資を提供し、甲南中学校・高等学校を設立して運営を始めていました。そうして少しずつ、“service”を実践していったのでした。

平生は59歳の時、東京海上の専務を辞めたことで社会奉仕活動に専念し、"greater service" ができるようになりました。平生の「人生三分論」における「50歳から社会奉仕活動に専念する」という計画からは10年ほど遅れていましたが、計画が実現し、よほど嬉しかったのでしょう。その年の大晦日の日記に「大正14年は私の一生涯に一度の"epoch"（飛躍の時機）を画するもので、31年間の実業生活から脱して国家社会事業の世界に入り、この身をもって社会や個人のために"service"を提供しようと決心し、これを実現した。私としては長年の望みを達成し、理想を実現できたので何よりも一番喜び祝う年になった。その大正14年も終わろうとしている。感慨無量だ」と書き記しています。

　長年の営利活動から解放され、社会奉仕に専念できることに、大きな高揚感を得ていたことがうかがわれます。事実、この後、貧しい人にも平等に施療する理想的病院の設立運営に尽くしたほか、日本全体のため、神戸市民のため、従業員のために、川崎造船所の再建を「無償奉仕」を条件に引き受け、社長として見事に立て直しました。移民政策が進められていたブラジルについては、両国のさらなる発展に向けた関係構築のため日伯経済使節団長として尽力しました。文部大臣としては、義務教育の拡充に獅子奮迅の活躍を見せたのでした。晩年、その生涯を終える間際まで、平生は社会奉仕活動を続けたのです。

社会奉仕とは「縁の下の力持ち」

　平生の好んだ言葉に「縁の下の力持ち」があります。甲南高等学校の第5回開校記念日に、学生に向けて「奉公奉仕の念」の大切さについて熱のこもったスピーチを行いました。平生はそのスピーチをこんな言葉で締めくくったのでした。

　「あなたたちの心に養うべきは奉公奉仕の気持ちである。大きくは人類社会国家のために、小さなことでは一家一族のために貢献したいと願うならば、奉公の心が満々でなければならないはずだ。私利私欲の気持ちを消し去り、他のために尽くす覚悟が必要だ。言い換えれば"縁の下の力持ち"となることである。縁の下の力持ちができる人こそ真に尊ぶべき人であり、敬うべき人だ。社会に役立つ仕事に区別はない。奉仕することが大きければ大きいほど万民の尊敬を受け、幾千年のちでも多数の人々に敬われることは、キリスト、孔子、釈迦のような偉大な哲人を見れば明白である。彼らは終始一貫、一生を通じて縁の下の力持ちであり続けた人ではないか。これらの人々は一生を通じて己を捨て、他人のために奉仕した人たちである。とりわけ、キリストのような方は奉仕のために磔刑（＝はりつけの刑）に処せられたのである。それこそ今日においても『百世の師』として幾千幾億の人々の信仰の対象となってその名は消えることがない。主君に対する忠義も、親に対する孝行も、友に対する信頼も、夫婦仲睦まじくあり、兄弟で助け合うのも、国民みなが国家の利益と国

民の幸福を考えるのも、進んで世界の平和に貢献するのも、どれも等しく奉仕という心の泉から湧き出る清き信念の現れに外ならない。君たちがいかなる学科を修めようとも、いかなる知識を得ようとも、この信念なくしては、その知識も技能も社会国家のために何の役にも立たず、君たち自身も心からの満足を得ることはできない。この奉仕の観念を持つことによってのみ、あなたたちが各自の得意とするところ、つまり、各々がその身に授かった天分を社会貢献に活かすことになるのである。」

　昭和初期の険しい時期のスピーチですが、社会奉仕に対する心構えについて、平生の熱い思いが伝わってきます。

人間の魂が人間をつくる

良い教師ソクラテス

　「人間の魂が人間をつくる」という考えは、教育における平生フィロソフィを表す本質的な要素、真髄であると言えます。

　平生は、「これまで世界において一番良い教師は古代ギリシャの哲学者ソクラテスである」という、ある書物の主旨に大いに納得していました。なぜなら、ソクラテスは教室も教壇も持たず、試験もしなければ成績も付けず、卒業証書も出さない。資格のようなものを与えることも一切しなかった。

もちろん、授業料も一切とらなかった。彼のもとに集まる青年に「考える」ということだけを教えたのでした。

ソクラテスは「産婆術」と言われる問答方式で、青年に自分自身が何を考えているのかを自覚できるように、自ら真理に到達するのを助けるように、誠心誠意、導きの手を差し伸べる役割だけを担いました。

吉田松陰の感化力

平生は、さらに身近な話として、江戸後期の思想家で教育者、吉田松陰（1830 ─ 1859）を例に挙げ、明治維新で重要な働きをする多くの若者たちに大きな影響を与えた「松下村塾」での教育についても述べています。

吉田松陰
（国立国会図書館提供）

「維新までの各藩の教育というものは、松陰先生と同じく四書五経（孔子を祖とする儒教の教典）を用いて、注釈の仕方もやはり朱子（南宋の儒学者で日本の思想界に大きな影響を与えた）に従ってのもので、どれも同じであったが、松陰先生から教えを受けた年数も、ごく短かったにもかかわらず、高杉晋作、久坂

玄瑞、伊藤博文、井上馨、木戸孝允ら（日本の国を背負う）人物を輩出したのだ。

　教科書も教授法も同じでありながら、優れた儒者を持っている他藩からは余り偉人が出ず、松下村塾からのみ出たというのは、教科書や教授法で人間がつくれるものではないということを証明している。これは松陰先生の徳風に青年が感化された結果だろう。どうして徳風に感化されたのかと言えば、朝に薪を採り、夕に水を汲みながら師弟ともに心から触れ合い、学ぶ生活のうちに、自然にすぐれた人格で感化し、立派な人間をつくっていったのだと思う。その間に、松陰先生が青年たちを導き育てようとする熱意、この上ない誠実な大人格が偉大なる感化力を与えたのだ。」

　書物そのもの、講義そのものよりも、人間というものは、師の生身の声、姿かたち、行いや立ち居振る舞い、内面から出る魂のほとばしりからつくられる。平生は、そう考えていました。

入魂のスパルタ教育
「体力と気力の試験旅行」

　平生は若い時に神戸商業学校で校長を経験しています。わずか1年2、3カ月の短い期間でしたが、そこで行ったことは、いわば入魂のスパルタ教育でした。

　3年生の修学旅行を「体力と気力の試験旅行」だと生徒た

ちに告げ、自信なきものは参加しなくても構わないとも伝えて実施し、約40名が参加しました。旅は平生校長の先導で神戸を出発し、三田・福知山・宮津・舞鶴・檜山・亀岡・京都を徒歩で回る7泊8日の強行軍でした。途中、いつも見る瀬戸内海よりも雄大な日本海の茫々たる（＝とらえどころなく広く遠い）さまに、心身を大きく揺さぶられることもありました。暴風雨に遭い、校長自身はもちろん、全員ずぶ濡れになって宿にたどり着くと、翌日は晴天下で日光と自身の体温で衣服を乾かしながら次の予定をこなしました。陸路で坂越えを選ぶか、保津川下りを選ぶかに当たっては、川下りを希望する生徒が多かったものの、雨で水かさが増していたため平生の判断で全員を陸路にしました。すると翌朝、保津川の渡り船が出水（＝川が急に増水すること）で櫂（＝舟をこぐ道具）のあたり場所を誤って岩に衝突し、数名が溺死する事故が起こったのです。平生の賢明な選択が、生徒たちを危険な目に合わせずに済んだのでした。いわば天の助けにも恵まれ、ひとりの落伍者も出すことなく、全員が神戸に帰ったのでした。

「毎日、短い時で30キロ、長い時は40キロ以上を踏破する強行軍だったが、一人の落伍者もなかったのは、若く元気な者には、精神次第で苦難に耐え、頑張れることを証明して余りある。大いに行く末が頼もしく感じられ、なお一層、青年はあらゆる難関に追い込んで、自ら突破、脱出していける意気と胆力を養う必要があることを感じ、スパルタ教育の必

要を自覚した」と、平生は述懐しています。もちろん、それは精魂傾けた愛情あふれる指導をもってのスパルタ教育でした。

人間の魂が人間をつくる

　日本が近代化を進め、物質文明で欧米に追いついていくために、明治以降新しい教育制度が導入されました。しかし、明治政府は当時、精神や文化の面では西欧と異なっているにもかかわらず、西欧の教育制度の表面的な真似事で事足りると考えていたようで、平生はそのことに大いに危惧の念を抱いていました。

　平生の見るところ、明治、大正、昭和の日本では、画一主義、詰め込み主義の教育が行われていました。

　「こんな教育を施していたならば、どういうことになるだろうか。人間を皆同じものと見て、同じものを詰め込むということになれば、結局は凡人をつくることになりはしないか。人間はみな同じではないのである。人の特性を発揮させようとするのでなく、全ての人を一様に凡人にしてしまう教育、すなわち、それは凡化教育ではないのだろうか。」

　平生の言わんとすることを整理すれば、次のようになります。

　教育には、知育の面以外に、精神面の領域もあります。この精神的教育の面を忘れず、知育の面でも、記憶より推理、知識より実践、原理より多彩多様な現実の大地、これらを重視するべきなのに、画一主義、詰め込み主義の知育に偏重し

兵庫県教育会の会頭として講演
「中等教育に対する希望」

てしまっているというのが日本の教育の現状で、そうであればあるほど、全ての人を凡人にしてしまう度は高まるのです。

各々の人に与えられた天賦の特性が発揮される基盤であるはずの精神教育の面、すなわち人間をつくる教育者の魂が発揮される道が閉ざされています。先生というものが、知識を教え込む教育機械、職業的教師になってしまっています。教師が職業的になっては、立派な人をつくることはできません。教育者はその心持ちを自分の教え子に注ぎ込んでこそ、立派な人間をつくることができるのです。真心が通じて初めて立派な人ができるのです。

平生の教育への熱い思いを平生自身の言葉に探っておきましょう。

「教育者は強い信念と至誠と愛情とをもって、燃えるような若い彼らの心境に火をつけ、彼らが積極的に進んで攻学（＝深く学ぶこと）に精進する熱情を持たせられるように導いていくのが本当の教育者の態度。その熱情と信念が根柢に無く、ただ形式的にどんな科学的態度を採ろうが、そんなものには

何の効果もない。

　人物をつくることが必要で、そのためには、ひとりひとりの生徒、学生の教育に責任を持って預かるのでなければ、真の教育はできるはずがない。」

　甲南教育で平生が目指したのも、こうした「人間の魂が人間をつくる」という真の人間教育でした。

努力主義 ―「正志く強く朗らかに」努力すれば報いられる―

座右の銘 ―努力を重ねる―

　これまで見てきた平生フィロソフィのいずれにも、芯棒のように存在しているのが「努力する」ということです。再び、平生が口癖のように言っていた「天運と天分は神の業　残るは人の努力なり」を思い起こしてみてください。「残る」というと、あまり大きな余地は残されていないように聞こえるかもしれませんが、むしろその逆で、努力こそが運を呼び起こしたり、天の味方を引き出したりすることがあります。天賦の特性だって努力なくしては何ものでもありません。努力に努力を重ねて初めて、天からの才能も開花するのです。「人の努力こそが人生の鍵を握っている」と平生は言っているのです。

平生が外国語学校に通っていた若いころ、平生の才気が滾
渕として、天才に富んでいるのを見たロシア語の教師は、平生
に「天才に頼ることなく、努力を重ねることをあなたの持ち
前の才能としなさい」と、懇切丁寧に、再三再四にわたって
諭しました。この教師の戒めが平生の一生の座右の銘となり、
「いつも他人の力に頼ってばかりで自分の努力を怠っている
者に不運が訪れるのは、人生における不変の真理というべき
もの」と考えるようになっていきました。

　人生三分論の大きな味方になってくれたエドワード・ボック
の著書には、ボックの曽祖父の人生が書かれています。これ
に感激した平生は、それを日記に綴っています。

　「ボックの曽祖父が君主から木も草も一本も生えていない
赤禿の小島の責任者（島守）に任ぜられて島に渡ったのが
20歳ちょっとの時だった。それから齢70余まで、約50年
間のうちに樹木が青々と生い茂る新天地を創造し、大海原に
生息する鳥類の安楽郷を創り、多種多様の鳥類や草木に満ち
た天然の美境として、多くの植物学者や鳥類学者たちが研究
のために訪れる場所にした努力は、実に感心するほかなく、
人類が真心をもって行う努力というものが、いかに素晴らし
い結果をもたらすのかを知るには、中々に面白い話であっ
た。」

ヘンリー・フォードの「正しき努力」

　キリストや釈迦など世界宗教の開祖たちの、自身では努力を努力と思わない人たちの、人類社会のための努力の凄さについて、平生はしばしば畏敬の念を込めて触れています。また偉人と言われる人たちについて話題にしたり、日記に綴ったりすることもしばしばでした。平生は、鉄鋼王アンドリュー・カーネギー、自動車王ヘンリー・フォード、発明王トーマス・エジソンたちの甚大な努力と、その努力が自己の富や名誉のためとかを超えた社会公共のためになされていることを強調しています。むしろ社会公共のためを原動力にしたからこそ鉄鋼王、自動車王、発明王に成り得たのだとも語っています。

　ある講演に招かれた際、平生はヘンリー・フォードの成功譚の一節を引用して「正しき努力」について述べています。

　「人間の務めとは何かといえば、人類の幸福や繁栄というものは正しい努力によってのみ得られるものであることを認識して働くことにある。人類の悪事というものは、この自然の法則から逃れようとすることから生じる。好んで社会のために奉仕し、働く者は、その奉仕の程度に応じて社会から報酬を受けるのは当然のことである。

　金銭は勤労の結果として自然にやって来る。金銭は必要だといっても、その目的は楽隠居のためではない。子孫のために美田を買うことでもない。利益を得るということは、ます

ます社会奉仕の機会を与えられるということなのである。自分は隠居というものを最も嫌うところであって、誰であろうとものんびりと暇に暮らす権利などはなく、怠け者は文明社会において居場所はないのである。

善良な事業経営というのは、買い手や職工から搾取することではない。品物を悪くしないこと、賃金を引き下げないこと、そして値段を必要以上に高くしないことである。」

トーマス・エジソンを偲ぶ

エジソンが85歳で亡くなった際、日記には次のように記しています。

「電気界における大恩人、発明界における大偉人、そして最も人間味にあふれ、高潔博愛の人として崇敬、憧憬（＝あこがれること）の的であったトーマス・エジソン翁が遂に逝った。人類社会のため、実に哀惜の情に堪えない。氏が84歳の老齢にいたるまで自身の利害を軽視して人類の福利増進のため拮据勉励（＝時間を惜しんで励み努力する）、偉大なる"inventive genius"（発明の天才）に並外れた精力の拍車をかけて努力奮闘されたことは、人間として心から敬うべき模範にして、真に人類社会のために貢献した人である。もしも人類がエジソン翁を見習い、この精神で各自が仕事で努力したならば、世界の現在のような苦難も闘争も残虐も生じたりはしないと思う。エジソン翁のような人物は、真に"Service above Self"（私利私欲を超えた社会奉仕）の真の精神を実現し、その"motto"の真理を如実に示した最も偉大な模範である。」

　平生自身、日々これらの偉人たちを模範として「正志き努力」を続けました。そして拾芳会員に対しても、甲南の生徒に対しても、「努力主義」「正しい努力は必ず報いられる」と語りかけ、励まし続けたのでした。

　今なお「正志く強く朗らかに」努力する青年たちを、平生は見守り続けてくれていることでしょう。

人類共存主義

人種差別への憤り

　平生は、共存共栄というフィロソフィを、人類全体、世界の国々の関係全体に広げ、「人類共存主義」を唱えて、拾芳会の精神の柱にも据えていました。

　人類には数多くの人種があり、今も昔も、人種間の対立や調和があり、また世界の多くの地域・国々で威信や存立、利害、覇権をかけて、領土・植民地領有をめぐり、戦争や多様・多重に利害が錯綜する国際問題が存在しています。平生の生き

た明治から大正、昭和にかけても同様でした。当時の欧米列強は国内において民主主義をめぐる運動、階級間の軋轢、人種問題を抱える中、国際的には帝国主義的支配、領有権争い、世界的覇権をめぐってしのぎを削る時代の渦中にありました。そうした中でも、平生は「人類共存主義」を唱え、行動したのです。

明治維新で近代化へと歩みを進めた日本は、日清、日露の戦争に勝利し、ようやく５カ国との不平等条約（治外法権が残り関税自主権がない）を撤廃し、有色人種中、唯一の独立国となって、列強国の一角を占めるまでになっていきました。そんな成長に従って、日本に対する警戒感や、排日機運が欧米で高まりました。イギリスは1920年、18年間続いた日英同盟の破棄を一方的に通告し、アメリカ合衆国では日本移民の排斥機運が盛んになりました。こうした動きは次のようなことにも顕われました。

第一次世界大戦の終盤に参戦し、ドイツの敗戦を決定づけたアメリカ合衆国は、終戦のためのパリ講和会議で連合国（戦勝国）の指導的な役割を担いました。時の合衆国大統領ウッドロー・ウイルソンの理想主義的な提案で、永久平和樹立を目的に、国際連盟が設立されることになったのです。日本はその連盟規約の中に「人種差別撤廃」の条項を入れるよう提案しました。この提案は過半数の賛成も三分の二以上（11対5）の賛成も得ながら、議長であった合衆国大統領ウイル

ソンが「各国の内情に干渉するような重要法案は全会一致が必要」と言い出して、連盟規約に盛り込まれませんでした。当時、アメリカ国内では黒人差別が当たり前のように行われ、日本移民排斥の動きも非常に高まっていたことが影響したのです。

　人類共存主義を唱える平生は、「国際連盟の存在をもって永久の平和を確保するためには、世界万国、四海同胞、黄白平等、人種無差別の域に到達しなければならない。……正義平等の旗の下に黒人や黄色人種を戦争に動員し、協同努力して人類共存の公敵であるドイツの狂暴を懲らしめたからには、国際連盟は人種無差別の基礎の上に置かれなければならない」と、日本の提案に心からの賛意を示しました。しかし、この提案が葬られる結果となったことに強い憤りを覚え、英米に対しては、「人種差別という不正不当不合理の撤去を迫り、正義人道に背を向ける恥知らずのけしからん態度を改めさせるべきだ」と主張したのでした。

　収まらぬ憤りと批判の矛先は、日本自体のその後の存立にも深く影響するという想像力も持たず、差別的扱いを受ける有色人種の代表としての責任を全うしようともしない日本外交の軟弱な姿勢にも向けられました。

　平生は、国々の間も諸民族の間も、人々の間と同じように、共存を図ることこそ、世界のあるべき姿だと考えていたのです。

　「個人の繁栄というものは国家の隆盛と調和し一致するも

のであること（国内の共存共栄）を悟った国民が、その国の利害はその国も含めた全世界の人類の栄枯と一致し調和するものであること（人類共存主義）を悟れば、国際的な対立は大体において避けられるはずである。個人としても、国家としても、自己の実力に拠って運命を開拓するべく、決して他人の失敗や他を貶め陥れることで自己を利するような卑しむべき思想は退けなければならない。」

人類共存主義の実現に不可欠な 富強国の謙譲

　1930（昭和5）年、平生はこうした考えを、時のアメリカ大統領フーバー宛に長文の電報を打って直接訴えました。

　「我々の希望は、世界を一つの経済的単位とすることにある。決して多くの単位に分裂させて、各国で各自勝手に通商を行わせようとすることではないのだ」と。平生の目には、世界の動きは人種差別でも通商貿易問題でも、平和樹立の課題においても、国際正義が行われるところからますます離れていっているように見えていました。アメリカでは日本移民排斥が法律化されてしまい、富強国が率先して国際通商貿易の壁をどんどん高めていきました。世界の平和、人類の繁栄のためには、富強国は率先してその境土を開放して人類の自由移動を許し、物資の自由移動を認める以外にないはずなのに。平生は、人類共存のためには、強い側が弱い立場に向け

て公正に振る舞う責任を果たさなければならないのだという、揺るぎない信念を持っていました。

　国家も人類社会も、人々や国々が互いに公共社会のために働こうとする志の大きさに従って進歩します。つまりは人類共存主義の行われる程度しだいで人類社会国家の盛衰も決まり、幸不幸も定まることになります。これは労資協調・共働互助においても共通した考え方だといえます。

　世界の現実が、平生の描く理想である人類共存のフィロソフィとは真逆の方向に向かって進む中で、残念ながら平生にこう言わせることになったのでした。「私は自由通商主義を高調し、国際間における通商の障害を撤廃、低減して、あるものとないものとを融通し合って平和な手段で国運の進展を計る。国民の福利増進を希望する点では、他者にひけを取らないつもりであるが、世界各国、特に富強国が強者としての度量を示さず、率先してこれと正反対の方針に執着する状況においては、仕方なく領土拡張によって、その目的を達せざるを得ない。そうでなければ、日本が生き残っていくことは不可能である。個人に生存権があるのが真理であるならば、国民にもまた生存権がないはずはないのである」と。

　今の時代であれば、平生は人類・自然共存主義を唱えたことでしょう。そして、そのために有効な実践に努力していたに違いないと思います。

平生の宗教観

宗教に頼らず
徳・人道は身につくか

　平生はその生涯において、特定の宗教に帰依することはありませんでしたが、神とか天とか人為の及ばない何ものかの存在を普通に信じていました。「天運と天分は神の業　残るは人の努力なり」という言葉は、至極自然に出てきたものであったと思われます。

　平生にとっては、家庭で受けた武士的教訓が自然と身について犠牲的精神を育み、学校を出るころからは人類共存の信念を抱くようになっていたので、特定の宗教で行動を基礎づける必要がなかったとみることができます。正直、節制、努力、勤勉、分別、配慮、協力、忠愛、恭謙、節倹、礼譲、義勇、犠牲といった徳義は、平生にとっては自然に身に付いた当たり前のことでした。それらについて平生は、自信を持って次のように述べています。

　「私は、どちらかといえば、特定の宗教を排斥していた。未だ自分の宗教として何宗を信仰したということはない。ただ自分の人としての信念は、人としての義務を完全に果たそうということである。子として親に対する義務、親として子に対する義務、夫として妻に対する義務、あるいは国に対す

る義務、一族に対する義務、さては社会同胞に対する義務といったものを完全に果たし尽くして一生を終えるということ、そして自分の生命は金銭ではなく節義（＝人としての正しい道をかたく守ること）にあり、そのためには何を犠牲にしてもはばからない。これが自分の揺るぎない信念であって、今まで自分はこの信念をもって身を修め、心を練りながら世の中に身を置き、この信念を準縄（＝基本）としてさまざまな行動について判断してきたのである。」

宗教的精神の役割

しかし、平生は見聞を広め、海外の事情を見たり聞いたり肌で感じるうちに、どうもそこには宗教的精神というものが重要な役割を果たしていることに気づいてきたのでした。

アメリカ大陸の北と南では、国としての発展に大いなる違いがありました。アメリカ合衆国は世界を引っ張るような大国になっているのに対し、ブラジルやアルゼンチンは国として富強国というにはほど遠い。アメリカ大陸は南北両方とも国土は土壌も資源も同じように豊かであるにもかかわらず、です。どうしてこうなったのでしょうか。南米は金を求めて植民され、北米は神を求めて来た清教徒によって植民されました。清廉、勤勉、そして甲南学園歌にもある〝わが車星につなぐ〟（Hitch your wagon to a star）という米国の思

想家エマソンの言葉のように、北米には遠くの精神的目標を慮る清教徒の宗教精神が基底にあったからだということを、平生は書物から学び、自分の考えにも取り入れていました。

アメリカ合衆国のある州の学校では、宗派は問わないが、何か宗教を信じていなければ、あるいは何らかの宗教を進んで信じようとする思いのある者でなければ入学が許されないという学校規則がありました。こうした校規について平生は

「人の精神に対するある種の干渉だとはいえ、学理的知識の醸成を義務教育として強制する学校において、信仰を強要するというのは、決して干渉というものではない。仮に干渉だとしても、善良なる国民を養成し崇高なる人格をつくり上げるためには必要だというべきであろう」と語っています。

アルプスの山上にあるホテルのオーナーたちは、登山者を楽しませるためにジャズバンドやイタリアの歌手を招いて余興を催しますが、同時に教会堂を建ててアルプスに登る人々の精神的修養も忘れてはいません。宗教的精神が生活文化に深く根付いているからです。「このように外国では宗教が常に精神的教養を引き受けている」と、平生は感じ取っていました。

第一次大戦後、平生がイギリス・オックスフォード大学を訪れた時、カレッジ（学寮）内のチャペル（礼拝堂）の壁面に多くの名前が刻まれていました。一体誰の名前かと尋ね

ると、これはオック
スフォード大学から
義勇兵として大戦に
加わり、戦死した学
生の名前だといいま
す。オックスフォー
ドから義勇兵を志願

オックスフォード大学クライストチャーチ

したものは全学生の９割にも及んだと聞きました。祖国のた
め、これほどまでの学生が進んで出征を志願するとは…。平生
は「敬虔の念と感慨に涙せずにはいられなかった」と日記に
綴っています。そして日露戦争に高等教育を受けた者がほん
のわずかしか従軍しなかったことと比べて、この隔たりの大
きいことに概嘆（＝嘆き憤ること）したのでした。

　こうしたことを見聞するにつけ、平生は自身の育ってきた
時代環境と比べ、現状についてこう述べて憂いています。

　「現代（大正・昭和前期）の日本においては家庭に宗教的
教育はなく、武士的訓育もない。学生は単に父母から受けた
不完全なる徳育と、小学校教師の訓戒で得た不完全な道徳的
観念とに基づいて身を修め、行いを慎んでいるものであるか
ら、その力は真に薄弱で、滔々として（＝世間の風潮が勢い
激しく一方に流れ動き）荒廃しつつある社会の誘惑もしくは
圧迫に抵抗して、正義を固く守ることは極めて難しいだろう。

　仮に世俗の誘惑に抵抗して自己を守ることができたとして
も、幾多の艱難辛苦もしくは病魔に抗って、安心立命（＝心

安らかに、物事に動じないこと）を得て、平然と運命の帰趨<ruby>帰趨<rt>きすう</rt></ruby>（＝行き着くところ）を迎える覚悟がある者は稀である。」

　続けて、「このような薄志弱行（＝意思が薄弱で決断力に欠けること）の者たちが日本の国を組織することになれば、日本は経済上において富を増やそうとも、外観においてその美を増したとしても、精神的に衰退して、ついにはその独立的精神を失ってしまう恐れがある。私はこうしたことの救済策について、長くいらだち焦ってきた。そして結論として、それは日本国民に宗教的信仰を持たせることにあるとの信念を得た」とも語っています。

　平生は、宗教には神儒仏耶（神道、儒教、仏教、キリスト教）をはじめ、その他の宗教も多数あるが、人道を説き、正義を唱え、人類を正しい道に導こうと努める「誠」において違いはない。ただ、その方法と形式とを異にするだけだから、いかなる宗教を信仰するかは問題ではない。ともかく、各人が宗教的信念を持つということが大切なのだと考えるようになりました。

正義人道は世界どこでも「共通の大真理」

　いずれの国も、国として、その国民にふさわしい道徳がありますが、人類としては国民道徳を超越し、国家をも包容できる人道でもって、道徳の基礎としなければなりません。万国共通、万民共通（国家組織の有無にかかわらず）の、人類

として遵守すべき道というものがあるからです。世界宗教と呼ばれるものに見られる共通点は、この「人類として遵守すべき道」を、優れた宗教家たち（孔子、釈迦、キリストなど）が皆、共通に感得していたからこそ、生まれているのです。日本でも、これが精神修養の神髄となるよう、各人が宗教的信念を磨かねばならないのです。

「今や日本国民の思想は世界的に、万国共通にならないわけにはいかない。」この人道の堅塁によってこそ安心立命を得る宗教的信念が養われるのではないでしょうか。

平生の宗教観は「人として尽くすべき道は正義人道に頼らなければならない。そしてこれは国内外、世界のどこであろうとも、共通の大真理である」というところにあります。そして、この「共通の大真理」は、彼の人類共存主義にも通じていたのです。

平生の日本主義

日本主義

平生は、人類共存主義という理想と、日本の独立国としての生存という現実との間で、どう橋渡しするかという問題に現実に取り組みましたが、同様に、平生の宗教観、すなわち正義人道という「人類共通の大真理」という土台の上で、日

本人としての宗教的信念の具体的な顕し方をどう考えるのか
という課題についても真摯に向き合いました。それは、どの
国も持っているその国にふさわしい国民道徳というものを、
日本においてはどう培うのか、という課題でした。

　日本人一人ひとりがどの宗教でも真面目に深く信仰するな
らば、その宗教はそれぞれ異なってもよい、と考えたのでは
ないようです。また国全体で、いたずらに物質の蓄積や軍備
の拡充のみに集中し、富国強兵、物質的繁栄を求めることを、
日本人の宗教的信念にするというのでもありません。平生は
日本の長い歴史のなかで培われてきた精神的文化、国民の文
化的生命という観点をたいそう大切にしました。

　平生は自ら、これを「日本主義」と名付けています。

アインシュタインから学ぶ

　日本主義とは何かを見るために、一つのエピソードの紹介
から始めましょう。

　1922（大正11）年、相対性理論で知られるアインシュタ
インが来日したとき、熱狂的に大歓迎を受け、有料の講演会
も各地で大いに盛況でした。高等難解な理論に訳もわからず
押し合いへし合いする聴衆を見て、アインシュタイン自身が
「自然科学に対して理解なき人までもが甚だしく私の説に興
味を起こしている様子は、私に取って全く不可解。対象を理
解せずに感激することは、女性がいないのに恋をするような

ものである」と辛らつな風刺を記者団との懇談で話しました。それを知った平生は「今や彼は母国で衣食住の窮乏に苦しめられていた結果、世界における一番の成金国である日本の招聘に応じて、まるで興行師に甘んじているのではないか」と、こちらも日記に辛らつな感想を綴っています。

　それから1カ月後、大阪の知名人が集まり、アインシュタインを招いて歓迎会を催した折に、平生がこれに出席して考え直したと日記に記しています。主催者の歓迎の辞に続いて「童顔仙容（＝仙人と言うと白髪がつきものだが、童顔で白髪のない仙人の風貌）ともいうべき無邪気な顔つきに微笑をたたえて感謝の意が心にあふれたように、"…科学分野で努力している者はまだ一握りでありますが、大発見をする者はその中の極めて少数に過ぎません。私の場合は偶然なる幸運に巡り合ったのです。日本の進歩は世界の驚異でありますが、今回貴国に参りましてその近代的進歩のほかに、更に日本独特の美点が多いことにも関心を持ち、感心もしました。どうかこれが西洋文明の移植で害されないよう望みます"と、最も謙虚なる態度で終始笑顔に喜色を浮かべて挨拶を終えた。私はアインシュタイン博士の温容（＝穏やかで温かみのある顔つき）に接するまでは、このような不可解な学理を理解して自分のものとすることなどできないにもかかわらず、3円（現在の3000円ほど）の聴講料を払って各地の講堂に集まる群衆の愚かさを笑っていたが、本日その風貌に接して、日本人のような科学的知識と哲学的思想に乏しい国民がこのよう

に偉人に接することが、その学説を理解できないにしても、目覚めることは大いにあると思い、自分の考えが誤りであったことを悟った」と。

これは面白いエピソードだったので紹介しましたが、平生が何をもって日本人の宗教的信念をつくるべきなのかを考えていたことに関連するところが、アインシュタインによって語られています。平生が感銘を受け、平生の心に響いたのはその風貌だけではなく、アインシュタインが関心を持ち、感心もし、西洋文明の移植で失わないで欲しいと言った"日本独特の美点"、つまりは平生が日ごろから考えていた日本主義にアインシュタインが触れたことでした。

それは何でしょうか。

日本の象徴「皇室」

平生の日本主義というのは、皇室を君として戴く一君万民主義（＝国民から尊び敬われる皇室が、国民を等しく安寧に治める制度）です。

これは世界に例を見ない日本の一つの特殊な在り方です。すなわち「万世一系連綿として百二十余代に及び給う皇室の存在」なのです。もし皇室の存在がなかったら、日本はとっくに中国やその他アジア諸国の轍を踏んでいたか、あるいは他国に先んじて四分五裂の戦国時代を現出していたことでしょう。いずれの時代でも国民が皇室に対する崇敬の熱誠を

失わずにいたからこそ、今日までは破滅に瀕しても土崩瓦解（＝一部が崩れたのをきっかけに全体が壊れてしまう）することなく、回天（＝衰えた勢いを盛り返すこと）の運命が巡り来たのです。今風に言うなら、皇室が日本統合の象徴であり続けてきたことが、日本の独立を支えてきたのだということです。平生は、これを社会組織の在り方の特殊性からも捉えています。

「外国では、夫婦間の恋愛を基本とし、社会組織の根柢にしようとするように、あたかも緯（横糸）のみで布を織ろうとするようなもので、糊付けする以外、布にまとめる方法はない。ところが、糊付けの布は一雨でほどけ、指先で簡単に裂くことができる。我が国の道義の根柢は親子の情義を経（縦糸）、夫婦関係を緯（横糸）として、社会組織を織り上げているので、あたかも経緯（縦糸横糸）で織り成せる布と同様に、水気も手力も、これをバラバラに裂くことはできない。我が国における君臣の関係は親子の関係の変形に過ぎず、君は慈父で民は赤子である。故に国民の皇室に対することは父母に対するように賢愚は問わない。人皇（皇室の系譜）122代中には必ずしも皆、名主（＝すぐれた君主）賢君ではなく、暴君暗主がいないこともなかったが、国民としては"君君たらずといえども臣臣たる"（主君に徳がなく道を尽くせなくても臣下は忠義を尽くさなければならない）の観念を持つこと、それはあたかも父が父としての務めを果たさなくても、父を捨てないのと同じである。ましてや歴代、民の心をもって心と

し、赤子のように深く愛してくださらなかったことなどあっただろうか。」

　皇室は、平生にとっては「全然利己の念を離れ、国民の利福を思うの至誠（自分を利することから完全に離れ、国民の利益幸福を思う真心）」を体現しているもので、このことを毎年正月に伊勢神宮や明治神宮を参拝したり、しばしば明治天皇の御製（ぎょせい）（＝天皇の詠まれた和歌）を挙げたりすることで示そうとしていたのでした。

　＜明治天皇の御製＞

　目に見へぬ神の心に通ふこそ　人の心の誠なりけれ

　照るにつけ曇るにつけて思ふかな　我民草の上は如何にと

　夏の夜もねざめがちにぞ明かしける　世の為め思う事多くして

　この春は梅鶯（うめうぐいす）も忘れけり　民やすかれと思ふばかりに

　こんなエピソードもあります。平生は日露戦争のころまでは１日に何十本も煙草を吸うヘビースモーカーでしたが、明治天皇が広島の大本営で「三伏の暑さも肌をつんざく寒さも厭わず」日露戦争の総指揮を執っておられる姿に敬服し、直接戦場にない身として、のうのうとはしていられなくなったのでした。「何か自分も苦痛に耐えることをしなければ」と考え、好きな煙草を絶ちました。これ以後、平生が喫煙することは一切ありませんでした。

「正義人道」の宗教観と「日本主義」

　このようにいったからと言って、平生の日本主義は、偏狭なナショナリズムを掲げたものでもなければ、狭量な忠君愛国論に与したわけでもありませんでした。平生自身、「いたずらに古典、旧型をかたくなに守って物質的進歩の思想上の変遷に留意しないというようなことは最も道理からはずれたことである」と述べているように、一方的、閉鎖的なナショナリズムでは全くないのです。つまり「常に日本主義を、科学的知識の進歩に伴い合わせて、柔軟に吸収対応させ、ますますその長所美点を発揮するよう視界を広く持つ必要がある。我が国が古来幾多の外来思想、たとえば仏教や儒学などを、時間をかけて咀嚼し消化し、自分たちのものにしてきたように対応することである。日本の国体や国情に応じて世界的思想の中の滋味を摂取することに努力することは、日本主義にとって忠実な営みである」ということなのです。

　忠君愛国に一面的に偏ったり、個人主義の産物である資本主義に驀進（＝まっしぐらに進む）したり、資本主義跳梁（＝わがもの顔にのさばる）の反動のため発生したマルクス主義、共産主義、国家社会主義などに浅薄に耽溺（＝溺れ流される）するようなことは、いずれも平生の日本主義に反していたのです。これらは決して「日本国民を醇良高尚」、つまり善良で振る舞いが品格のある国民、にするものではなかったからです。

人類の精神的進化として感得した「人として尽くすべきは正義人道であるという宗教的使命」を不動の基盤にして、日本は「我が国伝来の家族主義の神髄真味」を世界の時代の潮流に乗せながら、その「解式（＝答えを引出す方程式）」を変えつつ進展していくことが、「真に我が国、ひいては全人類の幸福の増進をはかる」ことにつながると、平生は確信していたのです。

平生釟三郎年譜

和暦（西暦）年	年齢(数え年)	出来事
慶応 2（1866）年	1 歳	美濃国加納で田中時言・松（徳子）の三男として誕生
明治12（1879）年	14 歳	岐阜中学校入学
明治14（1881）年	16 歳	東京外国語学校入学
明治18（1885）年	20 歳	東京商業学校第三部（後、語学部）編入
明治19（1886）年	21 歳	東京商業学校（後、高等商業学校）入学 旧岸和田藩士の平生忠辰・多満の養子となる
明治23（1890）年	25 歳	高等商業学校卒業 同校附属主計学校助教諭拝命
明治24（1891）年	26 歳	朝鮮仁川海関幇辨拝命
明治26（1893）年	28 歳	兵庫県立神戸商業学校校長拝命
明治27（1894）年	29 歳	東京海上保険株式会社入社
明治30（1897）年	32 歳	同社大阪支店長就任 同社ロンドン支店監督就任
明治32（1899）年	34 歳	同社ロンドン支店閉鎖
明治33（1900）年	35 歳	同社大阪・神戸両支店長就任
明治44（1911）年	46 歳	甲南幼稚園開園
明治45（1912）年	47 歳	甲南尋常小学校開校 私費による育英事業（拾芳会）開始
大正 6（1917）年	52 歳	東京海上火災保険株式会社専務取締役就任
大正 7（1918）年	53 歳	大正海上火災保険株式会社専務取締役就任 財団法人甲南学園私立甲南中学校設立認可

大正 8（1919）年	54歳	甲南中学校開校
大正 10（1921）年	56歳	灘購買組合創立に協力、理事
大正 11（1922）年	57歳	大阪ロータリークラブ設立にチャーターメンバーとして参加
大正 12（1923）年	58歳	七年制甲南高等学校開校
大正 13（1924）年	59歳	米・伯・欧視察
大正 14（1925）年	60歳	東京海上火災保険株式会社専務取締役辞任
大正 15（1926）年	61歳	甲南学園第二代理事長就任
昭和 2（1927）年	62歳	兵庫県教育会会頭就任 甲南学園に食堂建設費寄付
昭和 4（1929）年	64歳	文政審議会委員拝命
昭和 5（1930）年	65歳	財団法人甲南病院認可
昭和 6（1931）年	66歳	甲南病院初代理事長就任 海外移住組合連合会会頭就任
昭和 8（1933）年	68歳	株式会社川崎造船所社長就任 第三代甲南高等学校校長就任
昭和 9（1934）年	69歳	甲南病院開院
昭和 10（1935）年	70歳	訪伯経済使節団長としてブラジル訪問（国賓待遇） ブラジル コメンダトール勲章受章 貴族院議員勅選 昭和天皇に御進講「日伯貿易について」 川崎造船所社長辞任、会長就任
昭和 11（1936）年	71歳	文部大臣に親任（広田弘毅内閣） 甲南高等学校校長辞任

昭和 12 (1937) 年	72 歳	勲二等瑞宝章受章
		内閣総辞職により文部大臣辞任
		第四代甲南高等学校校長就任
		日本製鐵株式会社取締役会長就任
		甲南高等学校において平生寿像除幕式挙行
昭和 13 (1938) 年	73 歳	北支方面軍司令部最高経済顧問として北京に赴任
		社団法人鉄鋼連盟会長就任
		阪神大水害視察のため北京から帰国
昭和 14 (1939) 年	74 歳	第六代甲南高等学校校長就任
		日鉄鉱業株式会社取締役会長就任
		ブラジル グランデ・オフィシェ勲章受章
昭和 15 (1940) 年	75 歳	大日本産業報国会会長就任
		日本製鐵株式会社社長就任
昭和 16 (1941) 年	76 歳	日本商工会議所顧問就任
		鉄鋼統制会会長就任
		日本製鐵株式会社社長辞任
昭和 17 (1942) 年	77 歳	勲一等旭日大綬章受章
昭和 18 (1943) 年	78 歳	枢密顧問官親任
昭和 20 (1945) 年	80 歳	東京都目黒区洗足にて死去
		兵庫県武庫郡(現・神戸市東灘区)住吉町小林墓地に永眠

あとがき

　『平生フィロソフィ』という本著の題名は、甲南学園理事長である長坂悦敬先生の発案です。

　京セラの創業者で、日本航空の再建にも貢献した稲盛和夫氏が『心。』という本の中で「私が仕事するうえで、また人生を歩むうえで指針とし、経営をするうえで判断を下す基準」を「フィロソフィ」と呼び、「フィロソフィは私にとって経営という荒海を航海するための海図となり、また人生という道を歩みゆくうえで、正しい方向を示してくれるコンパスともなってくれた」と書いています。

　これを念頭に、「正志く強く朗らかに」「共働互助」「大局の打算を誤らず」など甲南学園の創立者である平生釟三郎の遺したさまざまな言葉を思うにつけ、そこには言葉だけにとどまらない「平生が人生を歩むうえでの精神的基盤となった平生フィロソフィと称すべきものがあるのではないか」との思いから、長坂先生の発案が生まれたに違いありません。

　私もまったく同感で、甲南大学の講義「甲南大学と平生釟三郎」を何年間か担当した時には、関東大震災、阪神大水害、川崎造船所再建、文部大臣時代などのテーマで折々の平生の考えを伝えてきましたが、平生フィロソフィというレベルではありませんでした。何かまとめておいた方がよいと思っていたところへ、今回の、長坂先生の勧めがあって私なりに取

り組んでみました。

　幸い、学内外の先生方の尽力による、膨大な平生の日記全編の翻刻をはじめ、半生を綴った『平生釟三郎自伝』、『私は斯う思う』や、日記、講演録、書簡などを渉猟（＝くまなく読み込む）して書き上げられた『平生釟三郎』（河合哲雄著）、ほかにも平生と親しく付きあった友人たちの講演録など、豊富な資料があります。それらを手元に置き、できる限り読みやすいようにとの思いから、漢字、熟語に読み方を記して意味をカッコ書きし、カナ書きを平仮名書きに改め、趣旨を曲げずに言い回しを理解し易いようにしたりしています。それでもまだまだ配慮が不足していて、及ばないところもあるかと思います。しかしぜひ工夫し推促し、何とか読みつないでみてください。平生の長い人生の事跡、平生の語った膨大な事々、平生が日記に記したさまざまな感懐、これらから何を切り取るか、どう切り取るかなどは私の平生観に従ったものです。もっとたくさんの違った角度からの平生観も、現にありますし、あって当然だと思います。読んでいただき、一人ひとりの平生観を探りつつ、一人ひとりの人生を歩むうえでの精神を培う一助にしてもらうことを期待しています。

　最後に本書作成の経緯についてふれておきたいと思います。私、常任顧問吉沢(甲南大学名誉教授)の原稿をもとに、『平生フィロソフィ』出版タスクフォース（上田勝弘・溝上真理子・天野裕介・小黒夏輝・鈴本めぐみ）が編集出版作業を重ね、

大学1年生にも読みやすいようにするため、甲南大学の卒業生でもある神戸新聞社の冨居雅人氏にも補充と修正のアドバイスの労をとっていただきました。それらを参考に吉沢のもとで統合調整し、さらにタスクフォースにおいて、できる限り今風に改められるところは改め、平生釟三郎にかかわる写真を適切に組込み、総編集を施し、最終的に本書が出来上がりました。本書の基本的部分については著者が責任を負っていますが、平生釟三郎の生涯と信念、フィロソフィの真髄が皆さんに伝えられたならば、それは甲南人の老壮青が一つになって取り組んだ成果だと素直に喜びたいと思います。

　2023年3月

吉沢　英成

甲南大学構内に植栽されている
ヒラオヤナギ

学名「Salix Hiraoana Kimura」。
拾芳会員であった植物学者の
木村有香博士が六甲山で発見。
草木もこよなく愛した平生への敬意と感謝の意を込め、学名にHiraoの名を冠した

平生フィロソフィ
平生釟三郎の生涯と信念

2023年4月1日　第1版第1刷発行

著　者　吉沢英成

発行者　甲南大学出版会
　　　　〒658-8501 兵庫県神戸市東灘区岡本8-9-1
　　　　Tel 078-431-4341
　　　　URL https://www.konan-u.ac.jp

発　売　神戸新聞総合出版センター
　　　　〒650-0044 兵庫県神戸市中央区東川崎町1-5-7
　　　　Tel 078-362-7140　FAX 078-361-7552
　　　　URL https://kobe-yomitai.jp

印　刷　株式会社 神戸新聞総合印刷